Connected Mathematics 2™

Pensar con modelos matemáticos

Variación lineal e inversa

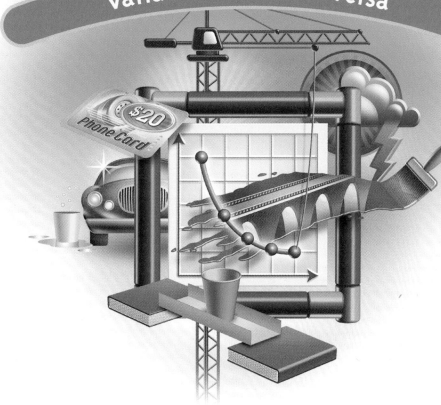

Glenda Lappan
James T. Fey
William M. Fitzgerald
Susan N. Friel
Elizabeth Difanis Phillips

Boston, Massachusetts · Glenview, Illinois · Shoreview, Minnesota · Upper Saddle River, New Jersey

Connected Mathematics™ was developed at Michigan State University with financial support from the Michigan State University Office of the Provost, Computing and Technology, and the College of Natural Science.

This material is based upon work supported by the National Science Foundation under Grant No. MDR 9150217 and Grant No. ESI 9986372. Opinions expressed are those of the authors and not necessarily those of the Foundation.

The Michigan State University authors and administration have agreed that all MSU royalties arising from this publication will be devoted to purposes supported by the MSU Mathematics Education Enrichment Fund.

Acknowledgments appear on page 71, which constitutes an extension of this copyright page.

13-digit ISBN 978-0-13-366176-7
10-digit ISBN 0-13-366176-8
1 2 3 4 5 6 7 8 9 10   11 10 09 08

Autores de Connected Mathematics

(de izquierda a derecha) Glenda Lappan, Betty Phillips, Susan Friel, Bill Fitzgerald, Jim Fey

Glenda Lappan es Profesora Universitaria Distinguida del Departamento de Matemáticas de la Universidad Estatal de Michigan. Su campo de investigación es la interconexión entre el aprendizaje estudiantil de las matemáticas, y el crecimiento y cambio profesional de los maestros de matemáticas en relación con el desarrollo y aplicación de los materiales curriculares de los grados K a 12.

James T. Fey es Profesor de Curriculum e Instrucción y Matemáticas de la Universidad de Maryland. Su continuo interés profesional ha sido el desarrollo y la investigación de materiales curriculares que implican la participación de los estudiantes de la escuela media y secundaria en la investigación cooperativa basada en la resolución de problemas de ideas matemáticas y sus aplicaciones.

William M. Fitzgerald *(Fallecido)* fue Profesor del Departamento de Matemáticas de la Universidad Estatal de Michigan. Sus primeras investigaciones se centraron en el uso de materiales concretos para facilitar el aprendizaje estudiantil, aporte que condujo al desarrollo de materiales didácticos destinados al laboratorio. Más tarde, contribuyó a desarrollar un modelo de enseñanza para propiciar la experimentación matemática por parte de los estudiantes.

Susan N. Friel es Profesora de Educación de Matemáticas de la Escuela de Educación de la Universidad de Carolina del Norte en Chapel Hill. Sus intereses de investigación se centran en la enseñanza de estadística a los estudiantes de los grados medios y, más ampliamente, en el desarrollo y crecimiento profesional de los maestros en la enseñanza de las matemáticas de los grados K a 8.

Elizabeth Difanis Phillips es Especialista Académica Sénior del Departamento de Matemáticas de la Universidad Estatal de Michigan. Se interesa en la enseñanza y aprendizaje de las matemáticas tanto por parte de los maestros como de los estudiantes. Estos intereses la han conducido a desarrollar proyectos profesionales y curriculares para los niveles de escuela media y secundaria, así como proyectos relacionado con la enseñanza y el aprendizaje del álgebra en los distintos grados.

Plantilla de desarrollo de CMP2

Maestros colaboradores en residencia
Yvonne Grant
Universidad Estatal de Michigan

Ayudante administrativa
Judith Martus Miller
Universidad Estatal de Michigan

Producción y directora de campo
Lisa Keller
Universidad Estatal de Michigan

Apoyo técnico y editorial
Brin Keller, Peter Lappan, Jim Laser, Michael Masterson, Stacey Miceli

Equipo de exámenes
June Bailey y **Debra Sobko** (Escuela Intermedia Apollo, Rochester, Nueva York), **George Bright** (Universidad de Carolina del Norte, Greensboro), **Gwen Ranzau Campbell** (Escuela Intermedia Sunrise Park, White Bear Lake, Minnesota), **Holly DeRosia, Kathy Dole,** y **Teri Keusch** (Escuela Intermedia Portland, Portland, Michigan), **Mary Beth Schmitt** (Preparatoria Júnior Traverse City East, Traverse City, Michigan), **Genni Steele** (Escuela Intermedia Central, White Bear Lake, Minnesota), **Jacqueline Stewart** (Okemos, Michigan), **Elizabeth Tye** (Preparatoria Júnior Magnolia, Magnolia, Arkansas)

Ayudantes de desarrollo
En el Colegio Comunitario de Lansing *Ayudante por graduar:* **James Brinegar**

En la Universidad Estatal de Michigan *Ayudantes Graduados:* **Dawn Berk, Emily Bouck, Bulent Buyukbozkirli, Kuo-Liang Chang, Christopher Danielson, Srinivasa Dharmavaram, Deb Johanning, Kelly Rivette, Sarah Sword, Tat Ming Sze, Marie Turini, Jeffrey Wanko;** *Ayudantes por graduar:* **Jeffrey Chapin, Jade Corsé, Elisha Hardy, Alisha Harold, Elizabeth Keusch, Julia Letoutchaia, Karen Loeffler, Brian Oliver, Carl Oliver, Evonne Pedawi, Lauren Rebrovich**

En la Universidad Estatal de Maryland *Ayudantes Graduados:* **Kim Harris Bethea, Kara Karch**

En la Universidad de Carolina del Norte (Chapel Hill) *Ayudantes Graduados:* **Mark Ellis, Trista Stearns;** *Ayudante por graduar:* **Daniel Smith**

Consejo de asesores para CMP2

Thomas Banchoff
Profesor de Matemáticas
Universidad Brown
Providence, Rhode Island

Anne Bartel
Coordinador de Matemáticas
Escuelas Públicas de Minneapolis
Minneapolis, Minnesota

Hyman Bass
Profesor de Matemáticas
Universidad de Michigan
Ann Arbor, Michigan

Joan Ferrini-Mundy
Decano Asociado del Colegio de
Ciencias Naturales; Profesor
Universidad Estatal de Michigan
East Lansing, Michigan

James Hiebert
Profesor
Universidad de Delaware
Newark, Delaware

Susan Hudson Hull
Centro Charles A. Dana
Universidad de Texas
Austin, Texas

Michele Luke
Cordinador de Curriculum de
Matemáticas
Preparatoria Júnior del Oeste
Minnetonka, Minnesota

Kay McClain
Profesor de Educación de
Matemáticas
Universidad de Vanderbilt
Nashville, Tennessee

Edward Silver
Profesor; Catedrático de
Estudios de Educación
Universidad de Michigan
Ann Arbor, Michigan

Judith Sowder
Profesora Emérita
Universidad Estatal de San Diego
San Diego, California

Lisa Usher
Maestra de Investigación
Matemáticas
Academia de Matemáticas y
Ciencia de California
San Pedro, California

Centros de pruebas de campo para CMP2

Durante el desarrollo de la edición revisada de *Connected Mathematics* (CMP2), más de 100 docentes utilizaron en sus clases estos materiales, en 49 escuelas de 12 estados y del Distrito de Columbia. Esta puesta a prueba se desarrolló a lo largo de tres años lectivos (del 2001 al 2004), lo que permitió un cuidadoso estudio de la efectividad de cada una de las 24 unidades que componen el programa. Queremos agradecer especialmente a todos los estudiantes y maestros de esas escuelas piloto.

Arkansas
Escuelas Públicas de Magnolia
Kittena Bell*, Judith Trowell*; *Escuela Elemental Central:* Maxine Broom, Betty Eddy, Tiffany Fallin, Bonnie Flurry, Carolyn Monk, Elizabeth Tye; *Preparatoria Júnior Magnolia:* Monique Bryan, Ginger Cook, David Graham, Shelby Lamkin

Colorado
Escuelas Públicas de Boulder
Escuela Intermedia Nevin Platt: Judith Koenig
Distrito escolar, St. Vrain Valley Longmont
Escuela Intermedia Westview: Colleen Beyer, Kitty Canupp, Ellie Decker*, Peggy McCarthy, Tanya deNobrega, Cindy Payne, Ericka Pilon, Andrew Roberts

Distrito de Columbia
Escuela diurna Capitol Hill: Ann Lawrence

Georgia
Universidad de Georgia, Athens
Brad Findell
Escuela Públicas de Madison
Escuela Intermedia del Condado de Morgan: Renee Burgdorf, Lynn Harris, Nancy Kurtz, Carolyn Stewart

Maine
Escuela Públicas de Falmouth
Escuela Intermedia Falmouth: Donna Erikson, Joyce Hebert, Paula Hodgkins, Rick Hogan, David Legere, Cynthia Martin, Barbara Stiles, Shawn Towle*

Michigan
Escuelas Públicas de Portland
Escuela Intermedia Portland: Mark Braun, Holly DeRosia, Kathy Dole*, Angie Foote, Teri Keusch, Tammi Wardwell
Escuelas Públicas del Área de Traverse City
Elemental Bertha Vos: Kristin Sak; *Escuela Elemental Central:* Michelle Clark; Jody Meyers; *Elemental del Este:* Karrie Tufts; *Elemental Interlochen:* Mary McGee-Cullen; *Elemental Long Lake:* Julie Faulkner*, Charlie Maxbauer, Katherine Sleder; *Elemental Norris:* Hope Slanaker; *Elemental Oak Park:* Jessica Steed; *Elemental Traverse Heights:* Jennifer Wolfert; *Elemental Westwoods:* Nancy Conn; *Escuela Old Mission Peninsula:* Deb Larimer; *Preparatoria Júnior de Traverse City Este:* Ivanka Berkshire, Ruthanne Kladder, Jan Palkowski, Jane Peterson, Mary Beth Schmitt; *Preparatoria Júnior de Traverse City Oeste:* Dan Fouch*, Ray Fouch
Escuelas Públicas de Sturgis
Escuela Intermedia Sturgis: Ellen Eisele

Minnesota
Distrito Escolar 191 de Burnsville
Elemental Hidden Valley: Stephanie Cin, Jane McDevitt
Distrito Escolar 270 de Hopkins
Elemental Alice Smith: Sandra Cowing, Kathleen Gustafson, Martha Mason, Scott Stillman; *Elemental Eisenhower:* Chad Bellig, Patrick Berger, Nancy Glades, Kye Johnson, Shane Wasserman, Victoria Wilson; *Elemental Gatewood:* Sarah Ham, Julie Kloos, Janine Pung, Larry Wade; *Elemental Glen Lake:* Jacqueline Cramer, Kathy Hering, Cecelia Morris, Robb Trenda; *Elemental Katherine Curren:* Diane Bancroft, Sue DeWit, John Wilson; *Elemental L. H. Tanglen:* Kevin Athmann, Lisa Becker, Mary LaBelle, Kathy Rezac, Roberta Severson; *Elemental Meadowbrook:* Jan Gauger, Hildy Shank, Jessica Zimmerman; *Preparatoria Júnior del Norte:* Laurel Hahn, Kristin Lee, Jodi Markuson, Bruce Mestemacher, Laurel Miller, Bonnie Rinker, Jeannine Salzer, Sarah Shafer, Cam Stottler; *Preparatoria Júnior del Oeste:* Alicia Beebe, Kristie Earl, Nobu Fujii, Pam Georgetti, Susan Gilbert, Regina Nelson Johnson, Debra Lindstrom, Michele Luke*, Jon Sorenson
Distrito Escolar 1 de Minneapolis
Escuela K-8 Ann Sullivan: Bronwyn Collins; Anne Bartel* (Oficina de currículum e instrucción)
Distrito Escolar 284 de Wayzata
Escuela Intermedia Central: Sarajane Myers, Dan Nielsen, Tanya Ravenholdt
Distrito Escolar 624 de White Bear Lake
Escuela Intermedia Central: Amy Jorgenson, Michelle Reich, Brenda Sammon

Nueva York
Escuelas Públicas de la ciudad de Nueva York
IS 89: Yelena Aynbinder, Chi-Man Ng, Nina Rapaport, Joel Spengler, Phyllis Tam*, Brent Wyso; *Escuela Intermedia Wagner:* Jason Appel, Intissar Fernandez, Yee Gee Get, Richard Goldstein, Irving Marcus, Sue Norton, Bernadita Owens, Jennifer Rehn*, Kevin Yuhas

---

* indica Coordinador de Centro Pruebas de Campo

Ohio

Distrito Escolar de Talawand, Oxford
Escuela Intermedia deTalawanda:
Teresa Abrams, Larry Brock, Heather Brosey, Julie Churchman, Monna Even, Karen Fitch, Bob George, Amanda Klee, Pat Meade, Sandy Montgomery, Barbara Sherman, Lauren Steidl

Universidad de Miami
Jeffrey Wanko*

Escuelas Públicas de Springfield
Escuela Rockway: Jim Mamer

Pennsylvania

Escuelas Públicas de Pittsburgh
Kenneth Labuskes, Marianne O'Connor, Mary Lynn Raith*; *Escuela Intermedia Arthur J. Rooney:* David Hairston, Stamatina Mousetis, Alfredo Zangaro; *Academia de Estudios Internacionales Frick:* Suzanne Berry, Janet Falkowski, Constance Finseth, Romika Hodge, Frank Machi; *Escuela Intermedia Reizenstein:* Jeff Baldwin, James Brautigam, Lorena Burnett, Glen Cobbett, Michael Jordan, Margaret Lazur, Melissa Munnell, Holly Neely, Ingrid Reed, Dennis Reft

Texas

Distrito Escolar Independiente de Austin
Escuela Intermedia Bedichek: Lisa Brown, Jennifer Glasscock, Vicki Massey

Distrito Escolar Independiente de El Paso
Escuela Intermedia Cordova:
Armando Aguirre, Anneliesa Durkes, Sylvia Guzman, Pat Holguin*, William Holguin, Nancy Nava, Laura Orozco, Michelle Peña, Roberta Rosen, Patsy Smith, Jeremy Wolf

Distrito Escolar Independiente de Plano
Patt Henry, James Wohlgehagen*; *Escuela Intermedia Frankford:* Mandy Baker, Cheryl Butsch, Amy Dudley, Betsy Eshelman, Janet Greene, Cort Haynes, Kathy Letchworth, Kay Marshall, Kelly McCants, Amy Reck, Judy Scott, Syndy Snyder, Lisa Wang; *Escuela Intermedia Wilson:* Darcie Bane, Amanda Bedenko, Whitney Evans, Tonelli Hatley, Sarah (Becky) Higgs, Kelly Johnston, Rebecca McElligott, Kay Neuse, Cheri Slocum, Kelli Straight

Washington

Distrito Escolar de Evergreen
Escuela Intermedia Shahala: Nicole Abrahamsen, Terry Coon*, Carey Doyle, Sheryl Drechsler, George Gemma, Gina Helland, Amy Hilario, Darla Lidyard, Sean McCarthy, Tilly Meyer, Willow Neuwelt, Todd Parsons, Brian Pederson, Stan Posey, Shawn Scott, Craig Sjoberg, Lynette Sundstrom, Charles Switzer, Luke Youngblood

Wisconsin

Distrito Escolar Unificado de Beaver Dam
Escuela Intermedia Beaver Dam: Jim Braemer, Jeanne Frick, Jessica Greatens, Barbara Link, Dennis McCormick, Karen Michels, Nancy Nichols*, Nancy Palm, Shelly Stelsel, Susan Wiggins

Escuelas Públicas de Milwaukee
Escuela Intermedia Fritsche: Peggy Brokaw, Rosann Hollinger*, Dan Homontowski, David Larson, LaRon Ramsey, Judy Roschke*, Lora Ruedt, Dorothy Schuller, Sandra Wiesen, Aaron Womack, Jr.

---

* indica Coordinador de Centro Pruebas de Campo

Revisiones de CMP para guiar el desarrollo de CMP2

Antes de empezar a escribir CMP2 o de que se hiciera el trabajo de investigación de campo, se envió la primera edición de *Connected Mathematics* a los cuerpos de profesores de distritos escolares de diversas áreas del país y a 80 asesores individuales, solicitándoles sus comentarios.

Revisión de encuestas de CMP de los distritos escolares

Arizona
Distrito Escolar #38 Madison (Phoenix)

Arkansas
Distrito Escolar Cabot, Distrito Escolar Little Rock, Distrito Escolar Magnolia

California
Distrito Escolar Unificado de Los Angeles

Colorado
Distrito Escolar St. Vrain Valley (Longmont)

Florida
Escuelas del Condado de Leon (Tallahassee)

Illinois
Distrito Escolar #21 (Wheeling)

Indiana
Preparatoria Júnior Joseph L. Block (Este de Chicago)

Kentucky
Escuelas públicas del Condado de Fayette (Lexington)

Maine
Selección de escuelas

Massachusetts
Selección de escuelas

Michigan
Escuelas de área de Sparta

Minnesota
Distrito Escolar Hopkins

Texas
Distrito Escolar Independiente de Austin, La Colaboración para Excelencia Académica de El Paso, Distrito Escolar Independiente de Plano

Wisconsin
Escuela Intermedia Platteville

Revisores individuales de CMP

Arkansas
Deborah Cramer; Robby Frizzell *(Taylor)*; Lowell Lynde *(Universidad de Arkansas, Monticello)*; Leigh Manzer *(Norfork)*; Lynne Roberts *(Preparatoria de Emerson, Emerson)*; Tony Timms *(Escuelas públicas de Cabot)*; Judith Trowell *(Departemento de Educación Superior de Arkansas)*

California
José Alcantar *(Gilroy)*; Eugenie Belcher *(Gilroy)*; Marian Pasternack *(Lowman M. S. T. Center, North Hollywood)*; Susana Pezoa *(San Jose)*; Todd Rabusin *(Hollister)*; Margaret Siegfried *(Escuela Intermedia Ocala, San Jose)*; Polly Underwood *(Escuela Intermedia Ocala, San Jose)*

Colorado
Janeane Golliher *(Distrito Escolar St. Vrain Valley, Longmont)*; Judith Koenig *(Escuela Intermedia Nevin Platt, Boulder)*

Florida
Paige Loggins *(Escuela Intermedia Swift Creek, Tallahassee)*

Illinois
Jan Robinson *(Distrito Escolar #21, Wheeling)*

Indiana
Frances Jackson *(Preparatoria Júnior Joseph L. Block, East Chicago)*

Kentucky
Natalee Feese *(Escuelas Públicas del Condado de Fayette, Lexington)*

Maine
Betsy Berry *(Alianza de Matemáticas y Ciencias de Maine, Augusta)*

Maryland
Joseph Gagnon *(Universidad de Maryland, Colegio Park)*; Paula Maccini *(Universidad de Maryland, Colegio Park)*

Massachusetts
George Cobb *(Colegio Mt. Holyoke, South Hadley)*; Cliff Kanold *(Universidad de Massachusetts, Amherst)*

Michigan
Mary Bouck *(Escuelas del área de Farwell)*; Carol Dorer *(Escuela Intermedia Slauson, Ann Arbor)*; Carrie Heaney *(Escuela Intermedia Forsythe, Ann Arbor)*; Ellen Hopkins *(Escuela Intermedia Clague, Ann Arbor)*; Teri Keusch *(Escuela Intermedia Portland, Portland)*; Valerie Mills *(Escuelas Oakland, Waterford)*; Mary Beth Schmitt *(Preparatoria Júnior del Este de Traverse City, Traverse City)*; Jack Smith *(Universidad Estatal de Michigan, East Lansing)*; Rebecca Spencer *(Escuela Intermedia Sparta, Sparta)*; Ann Marie Nicoll Turner *(Escuela Intermedia Tappan, Ann Arbor)*; Scott Turner *(Escuela Intermedia Scarlett, Ann Arbor)*

Minnesota
Margarita Alvarez *(Escuela Intermedia Olson, Minneapolis)*; Jane Amundson *(Preparatoria Júnior Nicollet, Burnsville)*; Anne Bartel *(Escuelas Públicas de Minneapolis)*; Gwen Ranzau Campbell *(Escuela Intermedia Sunrise Park, White Bear Lake)*; Stephanie Cin *(Elemental Hidden Valley, Burnsville)*; Joan Garfield *(Universidad de Minnesota, Minneapolis)*; Gretchen Hall *(Escuela Intermedia Richfield, Richfield)*; Jennifer Larson *(Escuela Intermedia Olson, Minneapolis)*; Michele Luke *(Preparatoria Júnior del Oeste, Minnetonka)*; Jeni Meyer *(Preparatoria Júnior Richfield, Richfield)*; Judy Pfingsten *(Escuela Intermedia Inver Grove Heights, Inver Grove Heights)*; Sarah Shafer *(Preparatoria Júnior del Norte, Minnetonka)*; Genni Steele *(Escuela Intermedia Central, White Bear Lake)*; Victoria Wilson *(Elemental Eisenhower, Hopkins)*; Paul Zorn *(Colegio St. Olaf, Northfield)*

Nueva York
Debra Altenau-Bartolino *(Escuela Intermedia Greenwich Village, Nueva York)*; Doug Clements *(Universidad de Buffalo)*; Francis Curcio *(Universidad de Nueva York, Nueva York)*; Christine Dorosh *(Escuela de Escritores Clinton, Brooklyn)*; Jennifer Rehn *(Escuela Intermedia del Lado Oeste, Nueva York)*; Phyllis Tam *(IS 89 Escuela Laboratorio, Nueva York)*; Marie Turini *(Escuela Intermedia Louis Armstrong, Nueva York)*; Lucy West *(Escuela Comunitaria del Distrito 2, Nueva York)*; Monica Witt *(Escuela Intermedia Simon Baruch 104, Nueva York)*

Pennsylvania
Robert Aglietti *(Pittsburgh)*; Sharon Mihalich *(Pittsburgh)*; Jennifer Plumb *(Escuela Intermedia South Hills, Pittsburgh)*; Mary Lynn Raith *(Escuelas Públicas de Pittsburgh)*

Texas
Michelle Bittick *(Distrito Escolar Independiente de Austin)*; Margaret Cregg *(Distrito Escolar Independiente de Plano)*; Sheila Cunningham *(Distrito Escolar Independiente de Klein)*; Judy Hill *(Distrito Escolar Independiente deAustin)*; Patricia Holguin *(Distrito Escolar Independiente de El Paso)*; Bonnie McNemar *(Arlington)*; Kay Neuse *(Distrito Escolar Independiente de Plano)*; Joyce Polanco *(Distrito Escolar Independiente de Austin)*; Marge Ramirez *(Universidad de Texas en El Paso)*; Pat Rossman *(Campus Baker, Austin)*; Cindy Schimek *(Houston)*; Cynthia Schneider *(Centro Charles A. Dana, Universidad de Texas en Austin)*; Uri Treisman *(Centro Charles A. Dana, Universidad de Texas en Austin)*; Jacqueline Weilmuenster *(Distrito Escolar Independiente de Grapevine-Colleyville)*; LuAnn Weynand *(San Antonio)*; Carmen Whitman *(Distrito Escolar Independiente de Austin)*; James Wohlgehagen *(Distrito Escolar Independiente de Plano)*

Washington
Ramesh Gangolli *(Universidad de Washington, Seattle)*

Wisconsin
Susan Lamon *(Universidad Marquette, Hales Corner)*; Steve Reinhart *(jubilado, Escuela Intermedia de Chippewa Falls, Eau Claire)*

Contenido

Pensar con modelos matemáticos
Variación lineal e inversa

Pensar con modelos matemáticos

Variación lineal e inversa

¿**Q**ué relación hay entre el grosor de una viga o puente de acero y su resistencia? ¿Qué relación hay entre la longitud de una viga o puente y su resistencia?

La ecuación $P = 4 + 0.10t$ da el precio P en dólares de alquilar un bote a pedal durante t minutos. ¿Durante cuánto tiempo puedes alquilar un patín si tienes $12?

El costo para que un grupo de estudiantes vaya a una excursión de dos días a un centro de naturaleza es $750. Describe la forma de una gráfica que relacione el número de estudiantes con el costo por estudiante.

Bienvenidos al CENTRO DE NATURALEZA

En unidades anteriores de *Connected Mathematics* exploraste relaciones entre variables. Aprendiste a reconocer relaciones lineales a partir de patrones en tablas y gráficas, y a escribir ecuaciones para estas relaciones. Luego usaste las ecuaciones como ayuda para resolver problemas. A medida que trabajes en las investigaciones de esta unidad, mejorarás tu destreza para reconocer y analizar relaciones lineales. También compararás patrones lineales con patrones no lineales, centrándote en un tipo especial de relación no lineal llamado *variación inversa*.

Llevarás a cabo experimentos, analizarás los datos y luego escribirás ecuaciones que resuman, o sean modelo, de los patrones de datos. Luego usarás tus ecuaciones para hacer predicciones sobre valores fuera y dentro de los datos que recopilaste.

Las destrezas que desarrolles en esta unidad te ayudarán a responder a preguntas como las de la página opuesta.

Resumen matemático

Variación lineal e inversa

En *Pensar con modelos matemáticos,* **harás modelos de relaciones con gráficas y ecuaciones, y luego usarás tus modelos para analizar situaciones y resolver problemas.**

Aprenderás a:

- Reconocer patrones lineales y no lineales en tablas y gráficas
- Describir patrones de datos usando palabras y símbolos
- Escribir ecuaciones para expresar patrones que aparezcan en tablas, gráficas y problemas
- Resolver ecuaciones lineales
- Hacer modelos de situaciones con desigualdades
- Escribir ecuaciones para describir variaciones inversas
- Usar ecuaciones de variación lineal y no lineal para resolver problemas y para hacer predicciones y tomar decisiones

A medida que trabajes en los problemas de esta unidad, hazte preguntas sobre situaciones de problemas que incluyan variables relacionadas.

¿Cuáles son las variables clave en esta situación?

¿Cuál es el patrón que relaciona las variables?

¿Qué tipo de ecuación expresará la relación?

¿Cómo puedo usar la ecuación para contestar preguntas sobre la relación?

Explorar patrones de datos

La gente de muchas profesiones usa datos y razonamiento matemático para resolver problemas y hacer predicciones. Por ejemplo, los ingenieros analizan datos de pruebas de laboratorio para determinar cuánto peso puede aguantar un puente. Los investigadores de mercado usan los datos de encuestas a consumidores para predecir la demanda de nuevos productos. Los agentes de bolsa usan fórmulas algebraicas para predecir cuánto ganarán sus inversiones a lo largo del tiempo.

En varias unidades anteriores de *Connected Mathematics*, usaste tablas, gráficas y ecuaciones para explorar y describir relaciones entre variables. En esta investigación, desarrollarás tu destreza usando estas herramientas para organizar datos de un experimento, hallar patrones y hacer predicciones.

1.1 Probar el grosor de un puente

Muchos puentes se construyen con estructuras de vigas de acero. El acero es muy fuerte, pero cualquier viga se puede doblar o romper si le pones el peso suficiente encima. La cantidad de peso que una viga puede soportar está relacionada con su grosor, su longitud y su diseño. Para diseñar un puente, los ingenieros necesitan comprender estas relaciones.

- ¿Cuál crees que es la relación entre el grosor de una viga y su resistencia? ¿Crees que la relación es lineal?

- ¿Qué otras variables afectarían la resistencia de un puente?

Los ingenieros a menudo usan modelos a escala para probar sus diseños. Puedes hacer tus propios experimentos para descubrir patrones matemáticos relacionados con la construcción de puentes.

Instrucciones para el experimento Probar el grosor de un puente

Materiales:

- Dos libros del mismo grosor
- Un vaso de papel pequeño
- Aproximadamente 50 monedas de un centavo
- Varias tiras de papel de 11 pulgadas por $4\frac{1}{4}$ pulgadas

Instrucciones:

- Empieza con una de las tiras de papel. Haz un "puente" doblando hacia arriba una pulgada en cada lado largo.

- Pon el puente entre los libros. El puente debería superponerse al libro aproximadamente 1 pulgada. Pon el vaso en el centro del puente.

- Pon monedas de un centavo en el vaso, de una en una, hasta que el puente se caiga. Anota el número de monedas que pusiste en el vaso. Este número es el *peso de rotura* del puente.

- Pon dos *nuevas* tiras de papel juntas para hacer un puente del doble de grosor. Halla el peso de rotura para este puente.

- Repite este experimento para hallar los pesos de rotura de puentes hechos con tres, cuatro y cinco tiras de papel.

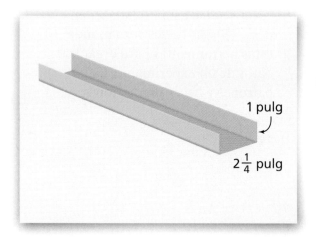

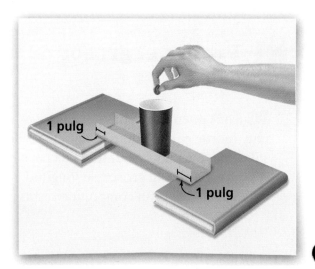

Problema **1.1** Hallar patrones y hacer predicciones

A. Haz el experimento del grosor del puente para hallar los pesos de rotura de puentes de 1, 2, 3, 4 y 5 capas de grosor. Anota tus datos en una tabla.

B. Haz una gráfica de tus datos (*capas del puente, peso de rotura*).

C. ¿Parece ser lineal o no lineal la relación entre el grosor del puente y el peso de rotura? ¿Cómo se muestra esto en la tabla o gráfica?

D. Supón que puedes partir las capas de papel por la mitad. ¿Qué peso de rotura predecirías para un puente de 2.5 capas de grosor? Explica tu respuesta.

E. 1. Predice el peso de rotura de un puente de 6 capas de grosor. Explica tu razonamiento.

    2. Prueba tu predicción. Explica por qué los resultados de la prueba podrían no coincidir exactamente con las predicciones.

ACE La tarea empieza en la página 12.

Para: Experimento de puente virtual, disponible en inglés
Visita: PHSchool.com
Código Web: apd-1101

Probar longitudes de un puente

En el último problema probaste puentes de papel de varios grosores. Hallaste que los puentes más gruesos son más fuertes que los puentes más finos. En este problema vas a hacer experimentos con puentes de papel de varias longitudes.

> *¿Cuál crees que es la relación entre la longitud de un puente y su resistencia?*

> *¿Son los puentes más largos más o menos resistentes que los puentes más cortos?*

Puedes hacer un experimento para hallar la relación entre la longitud y la resistencia de un puente.

Instrucciones para el experimento Probar longitudes de un puente

Materiales:

- Dos libros del mismo grosor
- Un vaso de papel pequeño
- Aproximadamente 50 monedas de 1 centavo
- Tiras de papel de $4\frac{1}{4}$ pulgadas de ancho y longitudes de 4, 6, 8, 9 y 11 pulgadas

Instrucciones:

- Haz puentes de papel con las tiras. En cada tira, dobla hacia arriba 1 pulgada en cada uno de los lados de $4\frac{1}{4}$ pulgadas.

- Empieza con el puente de 4 pulgadas. Pon el puente entre los dos libros, como hiciste anteriormente. El puente debería superponerse a cada libro aproximadamente 1 pulgada. Pon el vaso de papel en el centro del puente.

- Pon monedas de un centavo en el vaso, de una en una, hasta que el puente se caiga. Como en el primer experimento, este número es el peso de rotura del puente.

- Repite el experimento para hallar el peso de rotura de los otros puentes.

Problema 1.2 Hallar patrones y hacer predicciones

A. Haz el experimento de la longitud del puente para hallar los pesos de rotura de puentes de longitudes de 4, 6, 8, 9 y 11 pulgadas. Anota tus datos en una tabla.

B. Haz una gráfica de tus datos.

C. Describe la relación entre la longitud del puente y el peso de rotura. ¿Cómo muestran esa relación los patrones de tu tabla y gráfica?

D. Usa tus datos para predecir los pesos de rotura de puentes de longitudes de 3, 5, 10 y 12 pulgadas. Explica cómo hiciste tus predicciones.

E. Compara tus datos de este experimento con los datos del experimento del grosor del puente. ¿En qué se parecen la relación entre el grosor del puente y el peso de rotura, y la relación entre la longitud del puente y el peso de rotura? ¿En qué se diferencian?

ACE La tarea empieza en la página 12.

¿Lo sabías?

Al diseñar un puente, los ingenieros tienen que considerar la *carga*, o la cantidad de peso, que el puente debe soportar. La *carga muerta* es el peso del puente y los objetos fijos en el puente. La *carga viva* es el peso de los objetos móviles en el puente.

En muchas ciudades de Europa, como el famoso Ponte Vecchio de Florencia, Italia, la carga muerta es muy alta porque sobre la superficie del puente se han construido puestos, apartamentos y tiendas. Las leyes locales pueden limitar la cantidad de automóviles y tráfico ferroviario en un puente para ayudar a controlar la carga viva.

Supón que una compañía llamada Productos de Acero a Medida (PAM, para abreviar) provee materiales de construcción a constructores. PAM hace vigas y estructuras de escaleras uniendo barras de acero de 1 pie de largo formando los siguientes patrones. PAM hará estos materiales en las medidas que necesite cada constructor.

Vigas PAM

barra de
acero de 1 pie

viga de 1 pie
hecha con 3 barras

viga de 2 pies
hecha con 7 barras

viga de 7 pies
hecha con 27 barras

Estructuras de escaleras PAM

1 escalón
hecho con 4 barras

2 escalones
hechos con 10 barras

3 escalones
hechos con 18 barras

La directora de PAM necesita saber el número de barras necesario para cada diseño en cualquier medida que pida un cliente. Para averiguarlo, decide estudiar unos cuantos casos sencillos. Espera hallar *tendencias*, o patrones, que pueda ampliar a otros casos.

Problema 1.3 Ampliar patrones

A. 1. Copia y completa la tabla de abajo para mostrar el número de barras en vigas de distintas longitudes. **Pista:** Haz dibujos de las vigas.

Vigas PAM

Longitud de la viga (pies)	1	2	3	4	5	6	7	8
Número de barras	3	7					27	

2. Haz una gráfica de los datos de tu tabla.

3. Describe el patrón de cambio del número de barras a medida que aumenta la longitud de las vigas.

4. ¿Cómo muestra la tabla el patrón que describiste?¿Cómo lo muestra la gráfica?

5. ¿Cuántas barras de acero hay en una viga de 50 pies de longitud? Explica tu respuesta.

B. 1. Copia y completa la tabla de abajo para mostrar el número de barras en estructuras de escaleras con distintos números de escalones. **Pista:** Haz dibujos de las estructuras de escaleras.

Estructura de escaleras PAM

Número de escalones	1	2	3	4	5	6	7	8
Número de barras	4	10	18					

2. Haz una gráfica de los datos de tu tabla.

3. Describe el patrón de cambio del número de barras a medida que aumenta el número de escalones.

4. ¿Cómo muestra la tabla el patrón que describiste?¿Cómo lo muestra la gráfica?

5. ¿Cuántas barras de acero hay en una estructura de escalera con 12 escalones?

C. ¿En qué se parece el patrón de cambio de la pregunta A al patrón de cambio de la pregunta B? ¿En qué se diferencian? Explica cómo se muestran en las tablas y gráficas las semejanzas y diferencias.

D. Compara los patrones de cambio de este problema con los patrones de cambio de los Problemas 1.1 y 1.2. Describe las semejanzas y diferencias que encuentres.

ACE La tarea empieza en la página 12.

Aplicaciones

1. Un grupo de estudiantes hace el experimento del grosor de un puente con cartulina. Sus resultados se muestran en esta tabla.

Experimento del grosor de un puente

Grosor (capas)	1	2	3	4	5	6
Peso de rotura (centavos)	12	20	29	42	52	61

   a. Haz una gráfica de los datos (*grosor, peso de rotura*). Describe la relación entre el grosor y el peso de rotura.

   b. Supón que fuera posible usar medias capas de cartulina. ¿Qué peso de rotura predecirías para un puente de 3.5 capas de grosor? Explica tu respuesta.

   c. Predice el peso de rotura de un puente de cartulina de 8 capas de grosor. Explica cómo hiciste tu predicción.

2. La tabla muestra el peso máximo que una grúa de construcción puede elevar a varias distancias de su cabina. (Mira el diagrama de abajo.)

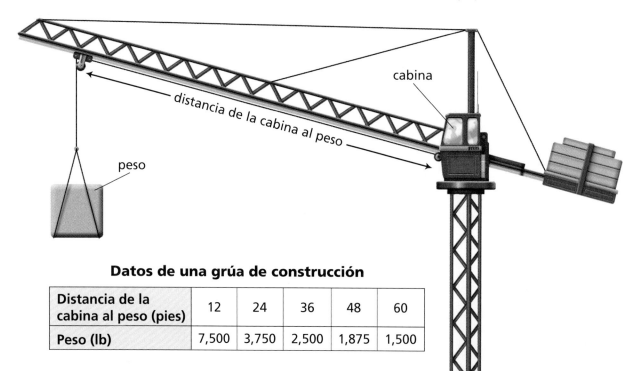

Datos de una grúa de construcción

Distancia de la cabina al peso (pies)	12	24	36	48	60
Peso (lb)	7,500	3,750	2,500	1,875	1,500

a. Describe la relación entre distancia y peso para la grúa.

b. Haz una gráfica de los datos (*distancia, grúa*). Explica cómo la forma de la gráfica muestra la relación que describiste en la parte (a).

c. Estima el peso que la grúa puede elevar a distancias de 18 pies, 30 pies y 72 pies de la cabina.

d. ¿En qué se parecen (si se parecen en algo) los datos de la grúa a los datos de los experimentos del puente de los Problemas 1.1 y 1.2?

3. Una viga o estructura de escalera de PAM cuesta $2.25 por barra, más $50 por gastos de envío.

a. Consulta tus datos para la pregunta A del Problema 1.3. Copia y completa la tabla siguiente para mostrar los costos de vigas de diferentes longitudes.

Costos de vigas PAM

Longitud de la viga (pies)	1	2	3	4	5	6	7	8
Número de barras	3	7	▓	▓	▓	▓	27	▓
Costo de la viga	▓	▓	▓	▓	▓	▓	▓	▓

b. Haz una gráfica de los datos (*longitud de barra, costo*).

c. Describe la relación entre la longitud de la viga y el costo.

d. Consulta tus datos para la pregunta B del Problema 1.3. Copia y completa la tabla siguiente para mostrar los costos de estructuras de escaleras con diferentes números de escalones.

Costos de estructuras de escaleras PAM

Número de escalones	1	2	3	4	5	6	7	8
Número de barras	4	10	18	▓	▓	▓	▓	▓
Costo de la viga	▓	▓	▓	▓	▓	▓	▓	▓

e. Haz una gráfica de los datos (*número de escalones, costo*).

f. Describe la relación entre el número de escalones y el costo.

4. Las partes (a) a (f) se refieren a relaciones que has estudiado en esta investigación. Di si cada relación es lineal.

***Homework Help* Online**
PHSchool.com
Para: Ayuda con el Ejercicio 4, disponible en inglés
Código Web: ape-1104

   a. la relación entre la longitud de viga y el costo (Ejercicio ACE 3)

   b. la relación entre el número de escalones en una estructura de escalera y el costo (Ejercicio ACE 3)

   c. la relación entre el grosor de puente y la resistencia (Problema 1.1)

   d. la relación ente la longitud del puente y la resistencia (Problema 1.2)

   e. la relación entre la longitud de viga y el número de barras (Problema 1.3)

   f. la relación entre el número de escalones en una estructura de escalera y el número de barras (Problema 1.3)

   g. Compara los patrones de cambio para todas las relaciones no lineales de las partes (a) a (f).

5. En muchas competiciones atléticas, se les da medallas a los mejores atletas. Las medallas a menudo se dan en ceremonias en las que los medallistas están de pie en plataformas especiales. Los esquemas muestran cómo hacer plataformas apilando cajas.

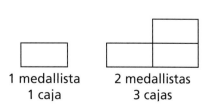

1 medallista
1 caja

2 medallistas
3 cajas

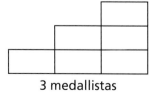

3 medallistas
6 cajas

a. Copia y completa la tabla de abajo.

Plataforma de medallas

Número de medallistas	1	2	3	4	5	6	7	8
Número de cajas	1	3	6	▦	▦	▦	▦	▦

b. Haz una gráfica de los datos (*número de medallistas, número de cajas*).

c. Describe el patrón de cambio que se muestra en la tabla y en la gráfica.

d. Cada caja tiene 1 pie de alto y 2 pies de ancho. Una alfombra roja empieza a 10 pies de la base de la plataforma y cubre los escalones.

2 pies

1 pie

Copia y completa la tabla de abajo.

Alfombra para plataformas

Número de escalones	1	2	3	4	5	6	7	8
Longitud de la alfombra (pies)	▦	▦	▦	▦	▦	▦	▦	▦

e. Haz una gráfica de los datos (*número de escalones, longitud de la alfombra*).

f. Describe el patrón de cambio de la longitud de la alfombra a medida que aumenta el número de escalones. Compara este patrón con el patrón de los datos (*número de medallistas, número de cajas*).

6. PAM también vende escaleras portátiles hechas de barras de acero de 1 pie ordenadas para formar una hilera de cuadrados. Abajo se muestra una escalera portátil de 6 pies.

escalera portátil de 6 pies hecha con 19 barras

a. Haz una tabla y una gráfica que muestre la relación entre el número de barras en una escalera portátil y la longitud de la escalera.

b. Compara el patrón de cambio para escaleras portátiles con los de las vigas y estructuras de escaleras del Problema 1.3.

Conexiones

La encuesta de una clase en la Escuela Intermedia Pionera halló que 10 de cada 30 estudiantes gastaría $8 en una camiseta de la escuela. Usa esta información para los Ejercicios 7 y 8.

7. Opción múltiple Supón que haya 600 estudiantes en la escuela. Según la encuesta, ¿cuántos estudiantes predecirías que gastaran $8 en una camiseta de la escuela?

    A. 20   **B.** 200

    C. 300   **D.** 400

8. Opción múltiple Supón que haya 450 estudiantes en la escuela. Según la encuesta, ¿cuántos estudiantes predecirías que gastaran $8 en una camiseta de la escuela?

    F. 20   **G.** 200

    H. 300   **J.** 400

9. Abajo hay un dibujo de un rectángulo con un área de 300 pies cuadrados.

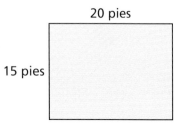

20 pies

15 pies

    a. Dibuja al menos otros tres rectángulos con un área de 300 pies cuadrados.

    b. ¿Cuál es el ancho de un rectángulo con un área de 300 pies cuadrados si su longitud es 1 pie? ¿Y si su longitud fuera 2 pies? ¿Y si su longitud fuera 3 pies?

    c. ¿Cuál es el ancho de un rectángulo con un área de 300 pies cuadrados y una longitud de *L* pies?

    d. ¿Cómo cambia el ancho de un rectángulo si la longitud aumenta, pero el área sigue siendo 300 pies cuadrados?

    e. Haz una gráfica de pares (*ancho, longitud*) para un rectángulo que produzca un área de 300 pies cuadrados. Explica cómo tu gráfica ilustra tu respuesta a la parte (d).

10. a. El rectángulo que se ilustra en el Ejercicio 9 tiene un perímetro de 70 pies. Dibuja al menos otros tres rectángulos con un perímetro de 70 pies.

b. ¿Cuál es el ancho de un rectángulo con un perímetro de 70 pies si su longitud es 1 pie? ¿Y 2 pies? ¿Y *L* pies?

c. ¿Cuál es el ancho de un rectángulo con un perímetro de 70 pies si su longitud es $\frac{1}{2}$ pie? ¿Y $\frac{3}{2}$ pies?

d. Da las dimensiones de rectángulos con perímetros de 70 pies y razones de longitud-ancho de 3 a 4, 4 a 5 y 1 a 1.

e. Supón que la longitud de un rectángulo aumenta, pero el perímetro sigue siendo 70 pies. ¿Cómo cambia el ancho?

f. Haz una gráfica de pares (*ancho, longitud*) que dé un perímetro de 70 pies. ¿Cómo ilustra tu gráfica tu respuesta a la parte (c)?

11. Se encuesta a los 24 estudiantes de la clase de la Srta. Cleary. Se les pregunta cuál de los siguientes precios pagarían por una entrada al desfile de modas escolar. Los resultados se muestran en esta tabla.

Encuesta sobre el precio de entradas

Precio de la entrada	$1.00	$1.50	$2.00	$2.50	$3.00	$3.50	$4.00	$4.50
Ventas probables	20	20	18	15	12	10	8	7

a. Hay 480 estudiantes en la escuela. Usa los datos de la clase de la Srta. Cleary para predecir la venta de entradas para toda la escuela para cada precio.

b. Usa tus resultados de la parte (a). Para cada precio, halla los ingresos proyectados de la escuela por la venta de entradas.

c. ¿Qué precio debería cobrar la escuela si quiere ganar el máximo de ingresos posible?

Di qué gráficas coinciden con la ecuación o conjunto de características.

12. $y = 3x + 1$

13. $y = -2x + 2$

14. $y = x - 3$

15. intercepto $y = 1$; pendiente $= \frac{1}{2}$

Gráfica A

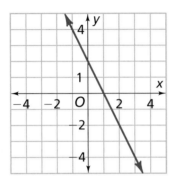

Gráfica B

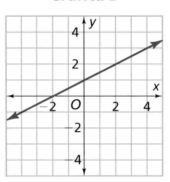

Gráfica C

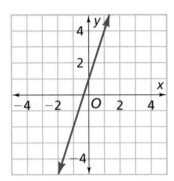

Gráfica D

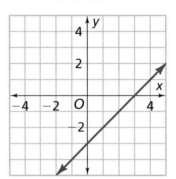

Dentro de cada ecuación, los saquitos que se muestran contienen el mismo número de monedas. Halla el número de monedas en cada saquito. Explica tu método.

16.

17.

18. Consulta los Ejercicios 16 y 17.

    a. Para cada ejercicio, escribe una ecuación para representar la situación. Haz que x represente el número de monedas en un saquito.

    b. Resuelve cada ecuación. Explica los pasos de tu solución.

    c. Compara tus estrategias con las que usaste en los Ejercicios 16 y 17.

Resuelve cada ecuación para x.

Go Online
PHSchool.com

Para: Práctica de destrezas de opción múltiple, disponible en inglés

Código Web: apa-1154

19. $3x + 4 = 10$

20. $6x + 3 = 4x + 11$

21. $6x - 3 = 11$

22. $-3x + 5 = 7$

23. $4x - \frac{1}{2} = 8$

24. $\frac{x}{2} - 4 = -5$

25. $3x + 3 = -2x - 12$

26. $\frac{x}{4} - 4 = \frac{3x}{4} - 6$

En los Ejercicios 27 a 29, di si cada enunciado es cierto o falso. Explica tu razonamiento.

27. $6(12 - 5) > 50$

28. $3 \cdot 5 - 4 > 6$

29. $10 - 5 \cdot 4 > 0$

30. Necesitarás dos hojas de papel de 8.5 por 11 pulgadas y otros trozos de papel.

    a. Enrolla una hoja de papel para formar un cilindro de 11 pulgadas de altura. Superpón los bordes un poco y pégalos con cinta adhesiva. Haz las bases para el cilindro trazando los círculos de los extremos del cilindro, cortando los dibujos trazados y pegándolos en su sitio.

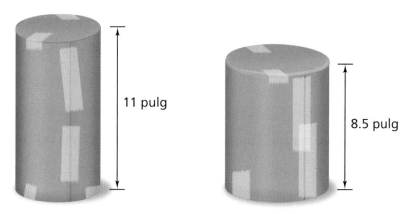

11 pulg

8.5 pulg

    b. Enrolla la otra hoja de papel para formar un cilindro de 8.5 pulgadas de altura. Haz las bases como hiciste en la parte (a).

    c. ¿Parecen tener la misma área total los cilindros (incluyendo las bases)? Si no, ¿cuál tiene mayor área total?

    d. Supón que empiezas con dos hojas rectangulares idénticas que *no* son de 8.5 por 11 pulgadas. Haz dos cilindros como hiciste anteriormente. ¿Cuál de los cilindros tendrá mayor área total, el cilindro más alto o el cilindro más bajo? ¿Cómo lo sabes?

31. El volumen del cono del dibujo de abajo es $\frac{1}{3}(28)\pi$. ¿Cuáles son algunas medidas posibles de radio y altura para el cono?

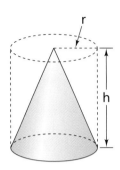

Extensiones

32. Estudia los patrones de esta tabla. Fíjate que los números de la columna x pueden no ser consecutivos después de $x = 6$.

x	p	q	y	z
1	1	1	2	1
2	4	8	4	$\frac{1}{2}$
3	9	27	8	$\frac{1}{3}$
4	16	64	16	$\frac{1}{4}$
5	25	125	32	$\frac{1}{5}$
6	▦	▦	▦	▦
▦	▦	▦	1,024	▦
▦	▦	▦	2,048	▦
▦	▦	1,728	▦	▦
n	▦	▦	▦	▦

a. Usa los patrones de las primeras hileras para hallar los valores que faltan.

b. ¿Es lineal alguno de los patrones? Explica tu respuesta.

33. La tabla da datos de un grupo de estudiantes de escuela intermedia.

Datos de estudiantes de escuela intermedia

Estudiante	Longitud del nombre	Altura (cm)	Longitud del pie (cm)
Thomas Petes	11	126	23
Michelle Hughes	14	117	21
Shoshana White	13	112	17
Deborah Locke	12	127	21
Tonya Stewart	12	172	32
Richard Mudd	11	135	22
Tony Tung	8	130	20
Janice Vick	10	134	21
Bobby King	9	156	29
Kathleen Boylan	14	164	28

a. Haz una gráfica de los datos (*longitud del nombre, altura*), una gráfica de los datos (*longitud del nombre, longitud del pie*) y una gráfica de los datos (*altura, longitud del pie*).

b. Mira las gráficas que hiciste en la parte (a). ¿Cuáles parecen mostrar relaciones lineales? Explica tu respuesta.

c. Estima la razón promedio de altura a longitud del pie. Es decir, ¿cuántos "pies" de altura mide el estudiante típico de la tabla?

d. ¿Qué estudiante tiene la mayor razón de altura a longitud del pie? ¿Qué estudiante tiene la menor razón de altura a longitud de pie?

34. Una escalera es un prisma. Esto se ve con más facilidad si la escalera se mira desde una perspectiva diferente. En el prisma de abajo, los cuadrados pequeños de arriba tienen todos un área de 1 unidad cuadrada.

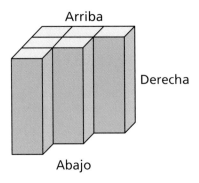

a. Dibuja la base del prisma. ¿Cuál es el área de la base?

b. Rashid está tratando de dibujar una *plantilla* (patrón plano) que doblará para formar el prisma de la escalera. Abajo está el inicio de su dibujo. Termina el dibujo de Rashid y da el área total de toda la escalera.
Pista: Puedes dibujar tu plantilla en papel cuadriculado y luego recortarla y doblarla para comprobar.

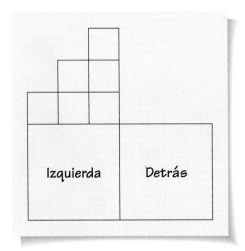

c. Supón que el prisma tuviera seis escalones en vez de tres. Asume que cada escalón tiene el mismo ancho que los del prisma de arriba. ¿Es el área total de este prisma de seis escalones el doble que el del prisma de tres escalones? Explica tu respuesta.

Reflexiones matemáticas 1

En esta investigación usaste tablas y gráficas para representar relaciones entre variables y para hacer predicciones. Estas preguntas te ayudarán a resumir lo que has aprendido.

Piensa en las respuestas a estas preguntas. Comenta tus ideas con otros estudiantes y con tu maestro(a). Luego escribe un resumen de tus hallazgos en tu cuaderno.

Puedes representar una relación entre variables con una tabla, una gráfica o una descripción en palabras.

1. ¿Cuáles son las ventajas y desventajas de cada representación para hallar patrones y hacer predicciones?

2. ¿Cómo puedes decidir a partir de una tabla si una relación es lineal?

3. ¿Cómo puedes decidir a partir de una gráfica si una relación es lineal?

Modelos y ecuaciones lineales

Organizar y mostrar los datos de un experimento o encuesta puede ayudarte a ver tendencias y hacer predicciones. Cuando los datos muestran una tendencia lineal, puedes hallar una gráfica y ecuación para *hacer un modelo* de la relación entre las variables. Después puedes usar el modelo para hacer predicciones sobre valores entre los valores de los datos y fuera de ellos.

Cuando hagas un modelo para representar una relación matemática, examina tu modelo y pregúntate

¿Para qué intervalo de valores es probable que el modelo tenga una precisión razonable?

2.1 Modelos lineales

A la compañía de pintura de puentes Primer Estado a menudo le piden que haga presupuestos en proyectos de pintura. Normalmente consigue el contrato si ofrece el precio más bajo. De todos modos, tiene que asegurarse de que el presupuesto sea suficientemente alto como para que la compañía saque un beneficio razonable.

Primer Estado se está preparando para hacer un presupuesto para el proyecto de pintar un puente. La compañía revisa sus anotaciones de proyectos anteriores. Halla información sobre cuatro puentes de diseño similar.

Costos de pintar puentes de Primer Estado

Número de puente	Longitud (pies)	Costos de pintura
1	100	$18,000
2	200	$37,000
3	300	$48,000
4	400	$66,000

Los estimadores de costos de Primer Estado pusieron los datos en una gráfica. Los puntos caen casi en un patrón lineal. Dibujaron una recta que corresponde bien al patrón. La recta es un **modelo matemático** de la relación entre la longitud del puente y los costos de pintura. Un modelo matemático reproduce un patrón de datos aproximadamente.

Costos de pintura de puentes de Primer Estado

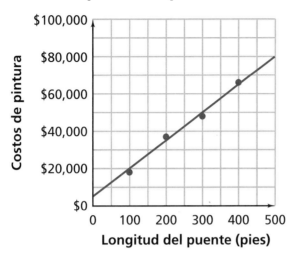

Preparación para el problema 2.1

Un modelo matemático se puede usar para hacer predicciones sobre valores entre los puntos de datos y fuera de ellos.

- ¿Cómo crees que los estimadores de costos decidieron dónde dibujar la recta?
- ¿Es la recta un modelo razonable para estos datos?
- ¿Qué información da el modelo que los puntos solos no dan?
- ¿Qué preguntas podrías contestar usando el modelo?
- ¿Qué información necesitas para escribir una ecuación para la recta?

Problema 2.1 Modelos lineales

A. 1. Escribe una ecuación para la recta que represente los datos.

   2. Usa la recta o la ecuación para estimar los costos de pintura para puentes similares que tengan

     a. 175 pies de longitud   **b.** 280 pies de longitud

   3. Usa la recta o la ecuación para estimar longitudes de puentes similares para los cuales los costos de pintura sean

     a. $10,000   **b.** $60,000

B. Primer Estado también está haciendo el presupuesto para un tipo distinto de puente. Tiene anotados tres puentes similares.

Costos de pintura de puentes de Primer Estado

Número de puente	Longitud (pies)	Costo de pintura
3	150	$50,000
4	300	$80,000
5	500	$140,000

1. Marca los puntos de estos datos en una gráfica. Traza una recta que represente el patrón de los puntos de datos.

2. Escribe una ecuación para tu recta.

3. Usa tu ecuación o recta para estimar el costo de pintura para un puente similar que tenga 200 pies de longitud.

4. Usa tu ecuación o recta para estimar la longitud de un puente similar que cueste $100,000 pintar.

ACE La tarea empieza en la página 33.

2.2 Ecuaciones para relaciones lineales

Los autos y camiones son una parte importante de la vida y la cultura estadounidenses. Hay casi 200 millones de conductores con licencia y 140 millones de autos de pasajeros registrados en Estados Unidos. Para ayudar a la gente a mantener los autos limpios, muchas ciudades tienen autoservicios de lavado de autos.

En la mayoría de los autoservicios de lavado de autos, el precio por lavar un auto y el beneficio de la compañía dependen del tiempo que el cliente usa el lavado de auto. Para llevar un negocio así de forma eficiente, tener ecuaciones que relacionen estas variables clave es de gran ayuda.

Preparación para el problema 2.2

- Lavacera Sudzo cobra a los clientes $0.75 por minuto por lavar un auto. Escribe una ecuación que relacione el costo total c con la cantidad de tiempo t en minutos.

- Superlavado Pat cobra $2.00 por auto para cubrir los costos de materiales de lavado, más $0.49 por minuto por el uso de difusores de agua y aspiradoras. Escribe una ecuación para el costo total c de cualquier lavado de t tiempo.

- Lavalotú cobra $10 por cada auto. Los propietarios del negocio estiman que les cuesta $0.60 por minuto dar jabón, agua y aspiradoras para un auto. Escribe una ecuación para el beneficio b que Lavalotú gana si un cliente pasa t minutos lavando un auto.

- Explica lo que representan los números y las variables de cada ecuación.

- ¿Qué preguntas te pueden ayudar a contestar tus ecuaciones?

A. Autolavado Extralimpio cobra por minuto. Esta tabla muestra los precios por diferentes tiempos de lavado.

Precios de Autolavado Extralimpio

Tiempo (min)	5	10	15	20	25
Precio	$8	$13	$18	$23	$28

1. Explica cómo sabes que la relación es lineal.

2. ¿Cuáles son la pendiente y el intercepto *y* de la recta que representa los datos?

3. Escribe una ecuación relacionando los precios *p* y tiempo *t* en minutos.

B. Autolavado Euclides muestra sus precios en una gráfica. Escribe una ecuación para el plan de precios de Euclides. Describe lo que te dicen sobre la situación las variables y los números de tu ecuación.

Precios de Autolavado Euclides

C. Abajo hay dos recibos de Autolavado Superlimpio. Asume que la relación entre los precios p y el tiempo usado t es lineal.

Superlimpio
Autolavado
Fecha: 3-14-05
Hora de inicio: 01:55 pm
Hora final: 02:05 pm
Precio: $7.00

Superlimpio
Autolavado
Fecha: 4-04-05
Hora de inicio: 09:30 am
Hora final: 09:50 am
Precio: $12.00

  1. Cada recibo representa un punto (t, p) en la recta. Halla las coordenadas de los dos puntos.

  2. ¿Cuáles son la pendiente y el intercepto y de la recta?

  3. Escribe una ecuación relacionando p y t.

D. Escribe una ecuación para la recta con pendiente –3 que pasa a través del punto $(4, 3)$.

E. Escribe una ecuación para la recta con puntos $(4, 5)$ y $(6, 9)$.

F. Supón que quieres escribir una ecuación de la forma $y = mx + b$ para representar una relación lineal. ¿Cuál es tu estrategia si te dan

  1. una descripción de la relación en palabras?

  2. dos o más valores (x, y) o una tabla de valores (x, y)?

  3. una gráfica que muestre puntos con coordenadas?

ACE La tarea empieza en la página 33.

l Embarcadero Sandy alquila canoas. La ecuación $c = 0.15t + 2.50$ da el precio p en dólares de alquilar una canoa durante t minutos.

Preparación para el problema 2.3

- Explica lo que te dicen sobre la situación los números de la ecuación $c = 0.15t + 2.50$.

- Rashida y Serena se presentan para puestos de trabajo en Sandy. El gerente les hace una prueba con tres preguntas.

  ¿Cuál es el precio de alquilar una canoa durante 30 minutos?

  A un cliente le cobraron $8.50. ¿Cuánto tiempo usó la canoa?

  Un cliente quiere gastar $10. ¿Cuánto tiempo puede usar la canoa?

  Supón que te presentaras para un trabajo en Sandy. ¿Cómo contestarías estas preguntas?

Problema 2.3 Resolver ecuaciones lineales

A. Rashida usa una gráfica de $c = 0.15t + 2.50$. Explica cómo usar la gráfica para estimar las respuestas a las preguntas del gerente.

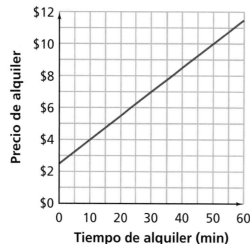

Precios del alquiler de canoas en Sandy

B. Rashida podría usar una tabla en vez de una gráfica. Explica cómo usar una tabla para estimar las respuestas a las preguntas.

C. Serena quiere hallar respuestas exactas, no estimaciones. Para la segunda pregunta, resuelve la ecuación lineal $0.15t + 2.50 = 8.50$. Razona de la siguiente manera:

- Si $0.15t + 2.50 = 8.50$, entonces $0.15t = 6.00$.

- Si $0.15t = 6.00$, luego $t = 40$.

- Compruebo mis respuestas sustituyendo 40 por t: $0.15(40) + 2.50 = 8.50$

¿Tiene razón Serena? ¿Cómo lo sabes?

D. Para la tercera pregunta, Rashida dice: "Si tiene $10 puede usar la canoa durante 50 minutos". Serena dice que hay otras posibilidades, por ejemplo, 45 minutos o 30 minutos. Dice que puedes responder a la pregunta resolviendo la **desigualdad** $0.15t + 2.50 \leq 10$. Esta desigualdad representa los tiempos por los que el precio de alquiler es, como máximo, $10.

1. Usa una tabla, una gráfica y la ecuación $0.15t + 2.50 = 10$ para hallar todos los tiempos para los que la desigualdad es cierta.

2. Expresa la solución como una desigualdad.

E. Botes Riodiversión le hace la competencia a Embarcadero Sandy. La ecuación $p = 4 + 0.10t$ da el precio en dólares p de alquilar un bote a pedal durante t minutos.

1. A un cliente de Riodiversión le cobran $9. ¿Cuánto tiempo usó el bote el cliente? Explica tu respuesta.

2. Supón que quieres gastar como máximo $12. ¿Cuánto tiempo podrías usar el bote? Explica tu respuesta.

3. ¿Cuál es el precio de alquilar un bote a pedal durante 20 minutos? Explica tu respuesta.

ACE La tarea empieza en la página 33.

2.4 Modelos interlineales que se intersecan

Un centro de diversión tiene dos atracciones principales: el parque de diversiones Divergrande y el multicine Cinelandia. El número de visitantes a cada atracción en un día concreto está relacionado con la probabilidad de lluvia.

Esta tabla da la asistencia y el pronóstico de lluvia para varios sábados.

Asistencia al centro de diversión en sábado

Probabilidad de lluvia (%)	0	20	40	60	80	100
Asistencia a Divergrande	1,000	850	700	550	400	250
Asistencia a Cinelandia	300	340	380	420	460	500

La misma compañía es dueña de ambos negocios. Los directores quieren poder predecir la asistencia en sábado a cada atracción para así poder asignar a los trabajadores de manera eficaz.

Problema 2.4 Modelos interlineales que se intersecan

A. Usa la tabla para hallar una ecuación lineal que relacione la probabilidad de lluvia p y la

  1. asistencia en sábado A_D en Divergrande.

  2. asistencia en sábado A_C en Cinelandia.

B. Usa tus ecuaciones de la pregunta A para responder a estas preguntas. Muestra tus cálculos y explica tu razonamiento.

  1. Supón que hay un 50% de probabilidad de lluvia este sábado. ¿Cuál es la asistencia prevista en cada atracción?

  2. Supón que 460 personas visitaron Divergrande un sábado. Estima cuál fue la probabilidad de lluvia de ese día.

  3. ¿Qué probabilidad de lluvia prediciría una asistencia en sábado de al menos 360 personas en Cinelandia?

  4. ¿Hay una probabilidad de lluvia por la cual la asistencia prevista sea la misma en ambas atracciones? Explica tu respuesta.

ACE La tarea empieza en la página 33.

Aplicaciones

1. Abajo hay algunos resultados del experimento de grosor de un puente de papel.

Experimento de grosor de un puente

Grosor (capas)	2	4	6	8
Peso de rotura (centavos)	15	30	50	65

a. Traza los datos (*grosor, peso de rotura*) en una gráfica. Dibuja una recta que represente el patrón de los datos.

b. Halla una ecuación para la recta que dibujaste.

c. Usa tu ecuación para predecir el peso de rotura de puentes de papel de 3, 5 y 7 capas de grosor.

2. ¿Qué recta crees que es un mejor modelo de los datos? Explica tu respuesta.

Estudiante 1

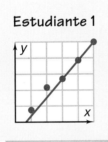

Estudiante 2

3. Copia cada gráfica en papel cuadriculado. Dibuja una recta que encaje en cada conjunto de datos con la mayor exactitud posible. Describe las estrategias que usaste.

Gráfica A

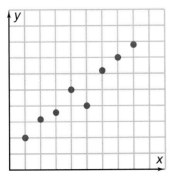

Gráfica B

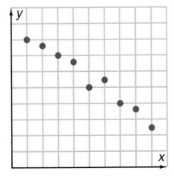

Gráfica C

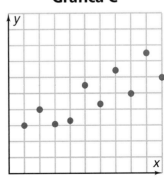

4. Esta tabla da los pesos promedio de chihuahuas de pura sangre desde su nacimiento a las 16 semanas.

Pesos promedio de los chihuahuas

Edad (sem)	0	2	4	6	8	10	12	14	16
Peso (oz)	4	9	13	17.5	21.5	25	30	34	39

FUENTE: *The Complete Chihuahua Encyclopedia*

a. Haz una gráfica de los datos (*edad, peso*). Dibuja una recta que represente el patrón de los datos.

b. Escribe una ecuación de la forma $y = mx + b$ para tu recta. Explica lo que te dicen sobre esta situación los valores de m y b.

c. Usa tu ecuación para predecir el peso promedio de los chihuahuas para las edades impares de 1 a 15 semanas.

d. ¿Qué peso promedio predice tu modelo lineal para un chihuahua que tiene 144 semanas? Exlica por qué esta predicción no es probable que sea precisa.

5. Autolavado Lavalotú hizo una investigación de mercado para determinar cuánto cobrar por un lavado de auto. La compañía hace esta tabla según sus hallazgos.

Homework *Help* ●nline
PHSchool.com
Para: Ayuda con el Ejercicio 5, disponible en inglés
Código Web: ape-1205

Proyecciones de Lavalotú

Precio por lavado	$0	$5	$10	$15	$20
Clientes esperados por día	100	80	65	45	20

a. Haz una gráfica de los datos (*precio, clientes esperados*). Dibuja una recta que represente el patrón de datos.

b. Escribe una ecuación de la forma $y = mx + b$ para tu gráfica. Explica lo que te dicen sobre esta situación los valores de m y b.

c. Usa tu ecuación para estimar el número de clientes esperados para los precios de $2.50, $7.50 y $12.50.

6. Halla la pendiente, el intercepto y y la ecuación para cada recta.

a.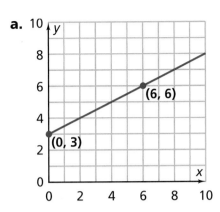

b.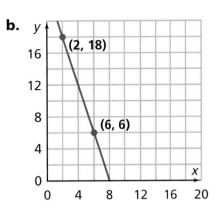

c.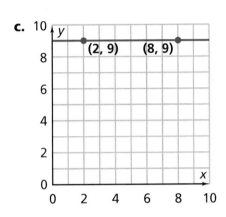

d.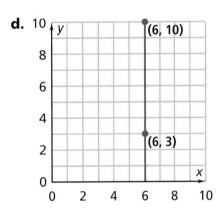

Las relaciones de los Ejercicios 7 a 10 son lineales.

7. a. El bebé típico estadounidense pesa unas 8 libras al nacer y aumenta aproximadamente 1.5 libras al mes durante el primer año de su vida. ¿Qué ecuación relaciona el peso p en libras a la edad e en meses?

   b. ¿Se puede usar este modelo para predecir el peso a los 80 años? Explica tu respuesta.

8. Kaya compra una tarjeta de teléfono de $20. Le cobran $0.15 por minuto por llamadas de larga distancia. ¿Qué ecuación da el valor v que le queda en la tarjeta después de hacer t minutos de llamadas de larga distancia?

9. Dakota vive a 1,500 metros de la escuela. Sale hacia la escuela, caminando a una velocidad de 60 metros por minuto. Escribe una ecuación para su distancia d en metros hasta la escuela después de haber caminado t minutos.

10. Un auto recorre un promedio de 140 millas con 5 galones de gasolina. Escribe una ecuación para la distancia d en millas que el auto puede recorrer con g galones de gasolina.

11. Escribe una ecuación lineal para cada tabla que relacione x e y.

a.

x	0	3	6	10
y	2	8	14	22

b.

x	0	3	6	10
y	20	8	−4	−20

c.

x	2	4	6	8
y	5	8	11	14

d.

x	0	3	6	9
y	20	11	2	−7

En los Ejercicios 12 a 17, halla una ecuación para la recta que cumpla las condiciones.

Go Online
PHSchool.com

Para: Práctica de destrezas
de opción múltiple,
disponible en inglés
Código Web: apa-1254

12. Pendiente 4.2; intercepto y $(0, 3.4)$

13. Pendiente $\frac{2}{3}$; intercepto y $(0, 5)$

14. Pendiente 2; pasa por $(4, 12)$

15. Pasa por $(0, 15)$ y $(5, 3)$

16. Pasa por $(-2, 2)$ y $(5, -4)$

17. Paralela a la recta con ecuación $y = 15 - 2x$ y pasa por $(3, 0)$

18. Escribe una ecuación para cada recta.

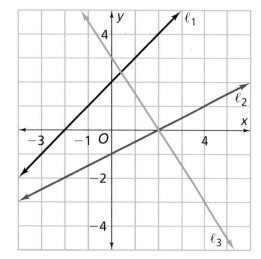

19. Anchee y Jonah ganan pagas semanales por hacer tareas durante el verano.

- El padre de Anchee le paga $5 a la semana.

- La madre de Jonah le pagó $20 al principio del verano y ahora le paga $3 cada semana.

La relación entre el número de semanas que trabajó cada uno y los dólares que ganaron se muestra en esta gráfica.

Ganancias por las tareas

a. ¿Qué recta representa las ganancias de Jonah? ¿Qué recta representa las ganancias de Anchee? Explica tu respuesta.

b. Escribe dos ecuaciones lineales de la forma $y = mx + b$ para mostrar las relaciones entre las ganancias de Anchee y el número de semanas que trabaja y entre las ganancias de Jonah y el número de semanas que trabaja.

c. ¿Qué te dicen sobre el número de semanas y los dólares ganados los valores m y b de cada ecuación?

d. ¿Qué te dicen sobre cada recta los valores m y b?

En los Ejercicios 20 a 23, haz lo siguiente:

  a. Resuelve la ecuación. Muestra tus pasos.

  b. Haz una gráfica de la recta asociada (por ejemplo, para 5.5x + 32 = 57, haz una gráfica de y = 5.5x + 32). Rotula los puntos que muestran la solución.

20. $5.5x + 32 = 57$ **21.** $-24 = 4x - 12$

22. $5x - 51 = 24$ **23.** $74 = 53 - 7x$

24. En el Parque de Atracciones Aquadiver, la ganancia diaria de los puestos de comida depende del número de visitantes del parque. La ecuación $g = 2.50v - 500$ da la estimación de la ganancia g en dólares si v personas visitan el parque. En las partes (a) a (c), usa la gráfica para estimar la respuesta. Luego, halla la respuesta escribiendo y resolviendo una ecuación o desigualdad.

  a. ¿Para qué número de visitantes será la ganancia aproximadamente $2,000?

  b. Un día 200 personas visitan el parque. ¿Cuál es la ganancia aproximada de los puestos de comida para ese día?

  c. ¿Para qué número de visitantes será la ganancia de al menos $500?

25. Las fórmulas siguientes te dan la tarifa t en dólares que cobran unas compañías de autobuses por viajes de d millas.

Transcontinental: $t = 0.15d + 12$

Intercity Express: $t = 5 + 0.20d$

En las partes (a) a (c), usa la gráfica para estimar la respuesta. Luego halla la respuesta escribiendo y resolviendo una ecuación o desigualdad.

  a. Para Transcontinental, ¿cuántas millas tiene un viaje que cuesta $99?

  b. Para Intercity Express, ¿qué distancia puede viajar una persona con una tarifa que cueste como máximo $99?

  c. ¿Hay alguna distancia para la cual la tarifa de las dos compañías de autobuses sea la misma? Si es así, da la distancia y la tarifa.

Resuelve cada ecuación. Muestra los pasos en tus soluciones.

26. $5x + 7 = 3x - 5$ **27.** $7 + 3x = 5x - 5$ **28.** $2.5x - 8 = 5x + 12$

Halla al menos tres valores de x para los cuales la desigualdad sea cierta.

29. $4x \leq 12$ **30.** $3x < 18$

31. $4x + 5 \leq 13$ **32.** $3x - 9 \leq 18$

33. Cada viernes, el mecánico de las Escuelas Públicas de Columbus anota las millas recorridas y los galones de gasolina usados por cada autobús escolar. Una semana, el mecánico anota estos datos.

Datos para la flota de autobuses de Columbus

Número de autobús	1	2	3	4	5	6	7	8
Gasolina usada (gal)	5	8	12	15	18	20	22	25
Millas recorridas	80	100	180	225	280	290	320	375

a. Escribe una ecuación lineal que represente la relación entre las millas recorridas d y los galones de gasolina usados g.

b. Usa tu ecuación para predecir el número de millas que un autobús podría recorrer con 10 galones de gasolina.

c. Usa tu ecuación para predecir el número de galones de gasolina necesarios para que un autobús recorra 250 millas.

d. ¿Qué te dicen los valores de m y b de tu ecuación $d = mg + b$ sobre el rendimiento de la gasolina de la flota de autobuses escolares?

34. Uno de los artículos más populares en un mercadillo de granjeros es el maíz dulce. Esta tabla muestra las relaciones entre los precios del maíz, la demanda de maíz (cuánto maíz quiere comprar la gente) y el sobrante de maíz (cuánto maíz tiene el mercadillo al final del día).

Oferta y demanda de maíz dulce

Precio por docena	$1	$1.50	$2.00	$2.50	$3.00	$3.50
Demanda (docenas)	200	175	140	120	80	60
Sobrante (docenas)	40	75	125	175	210	260

a. ¿Por qué crees que la demanda de maíz disminuye a medida que aumenta el precio?

b. ¿Por qué crees que el sobrante de maíz aumenta a medida que aumenta el precio?

c. Escribe una ecuación lineal que represente la relación entre la demanda d y el precio p.

d. Escribe una relación lineal que represente la relación entre el sobrante s y el precio p.

e. Usa gráficas para estimar el precio para el cual el sobrante es igual a la demanda. Luego, halla el precio resolviendo simbólicamente.

Conexiones

35. Di si cada tabla representa una relación lineal. Explica tu respuesta.

a.

x	2	4	6	8	10	12	14
y	0	1	2	3	4	5	6

b.

x	1	2	3	4	5	6	7
y	0	3	8	15	24	35	48

c.

x	1	4	6	7	10	12	16
y	2	−1	−3	−4	−7	−9	−13

36. Para las partes (a) a (d), copia la tabla. Luego, usa la ecuación para completar la tabla. Di si la relación es lineal. Explica tu respuesta.

a. $y = -3x - 8$

x	−5	−2	1	4
y	▨	▨	▨	▨

b. $y = 4(x - 7) + 6$

x	−3	0	3	6
y	▨	▨	▨	▨

c. $y = x(3x + 2)$

x	−3	0	3	6
y	▨	▨	▨	▨

d. $y = 4 - 3x$

x	−3	0	3	10
y	▨	▨	▨	▨

Copia cada par de números de los Ejercicios 37 a 42. Escribe <, > ó = para hacer cierto el enunciado.

37. -5 ▨ 3

38. $\frac{2}{3}$ ▨ $\frac{1}{2}$

39. $\frac{9}{12}$ ▨ $\frac{3}{4}$

40. 3.009 ▨ 3.1

41. $\frac{-2}{3}$ ▨ $\frac{-1}{2}$

42. -4.25 ▨ -2.45

43. Madeline propara una fotocopiadora para ampliar por un factor de 150%. Luego usa la fotocopiadora para copiar un polígono. Escribe una ecuación que relacione el perímetro del polígono después de la ampliación, d, al perímetro antes de la ampliación, a.

Para los Ejercicios 44 a 52, evalúa la expresión sin usar una calculadora.

44. $-15 + (-7)$ **45.** $-7 - 15$ **46.** $-7 - (-15)$

47. $-15 + 7$ **48.** $-20 \div 5$ **49.** $-20 \div (-5)$

50. $20 \div (-4)$ **51.** $-20 \div (-2.5)$ **52.** $-20 \cdot (-2.5)$

53. Puedes expresar la pendiente de una recta de diferentes maneras. La pendiente de la recta de abajo es $\frac{6}{10}$, ó 0.6. También puedes decir que la pendiente es del 60% porque la elevación es el 60% del recorrido.

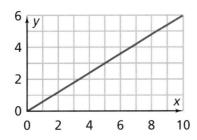

Estos números representan pendientes de rectas.

$\frac{-4}{-2}$ 60% $\frac{4}{4}$ 1.5   150%   200%

a. ¿Qué números representan la misma pendiente?

b. ¿Qué número representa la pendiente mayor? ¿Qué número representa la pendiente menor?

54. Considera los siguientes relatos y gráficas.

   a. Empareja cada relato con una gráfica. Di cómo rotularías los ejes. Explica cómo cada parte del relato se representa en la gráfica.

   Relato 1 Un paracaidista va en avión. Después de saltar, el viento lo desplaza de la pista. Acaba enmarañado en las ramas de un árbol.

   Relato 2 Elena pone dinero en el banco. Lo deja allí para que gane interés durante varios años. Luego, un día, saca la mitad del dinero de su cuenta.

   Relato 3 Gerry tiene una gran pila de grava para esparcir por la entrada de su garaje. El primer día, pone la mitad de la grava de la pila a la entrada. Al día siguiente está cansado y pone sólo la mitad de lo que queda. El tercer día de nuevo vuelve a poner la mitad de lo que queda en la pila. Y continúa así hasta que la pila casi ha desaparecido.

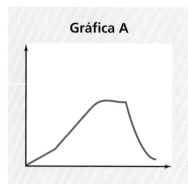

Gráfica A

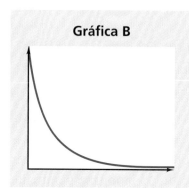

Gráfica B

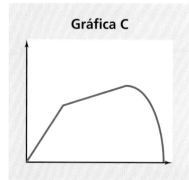

Gráfica C

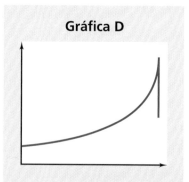

Gráfica D

   b. Una de las gráficas no corresponde a ningún relato. Inventa tu propio relato para esa gráfica.

55. Las figuras de abajo son semejantes.

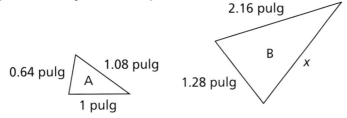

a. Halla x.

b. ¿Cuál es el factor de escala del Triángulo A al Triángulo B?

c. ¿Cuál es el factor de escala del Triángulo B al Triángulo A?

d. ¿Cuál es la relación entre los factores de escala de las partes (b) y (c)?

Extensiones

56. Una compañía de pintura de puentes usa la fórmula $C = 5{,}000 + 150L$ para estimar los costos de pintura. C es el costo en dólares y L es la longitud del puente en pies. Para sacar ganancias, la compañía aumenta la estimación del costo un 20% para llegar al precio del presupuesto. Por ejemplo, si la estimación del costo es $10,000, el precio del presupuesto será $12,000.

a. Halla precios de presupuesto para puentes de 100 pies, 200 pies y 400 pies de longitud.

b. Escribe una fórmula relacionando el precio del presupuesto final con la longitud del puente.

c. Usa tu fórmula para hallar precios de presupuesto para puentes de 150 pies, 300 pies y 450 pies de longitud.

d. ¿Cómo cambiaría tu fórmula si el aumento para ganancias fuera del 15%, en vez del 20%?

57. Recuerda que Productos de Acero a Medida construye vigas a partir de barras de acero. Aquí hay una viga de 7 pies.

viga de 7 pies hecha de 27 barras

a. ¿Cuál de estas fórmulas representa la relación entre la longitud de viga ℓ y el número de barras b?

$b = 3\ell$ $b = \ell + (\ell - 1) + 2\ell$

$b = 4(\ell - 1) + 3$ $b = 4\ell - 1$

b. ¿Cómo habrías razonado para obtener cada fórmula?

58. Recuerda que Productos de Acero a Medida usa barras de acero para hacer estructuras de escaleras. Aquí hay estructuras de escaleras de 1, 2 y 3 escalones.

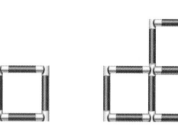  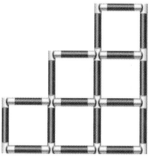

| 1 escalón | 2 escalones | 3 escalones |
| hecho de 4 barras | hechos de 10 barras | hechos de 18 barras |

¿Cuál de estas fórmulas representa la relación entre el número de escalones n y el número de barras b?

$b = n^2 + 3n$ $\qquad\qquad$ $b = n(n + 3)$

$b = n^2 + 3$ $\qquad\qquad$ $b = (n + 3)n$

Productos de Acero a Medida construye cubos de placas cuadradas de acero que miden 1 pie por cada lado. A la derecha hay un cubo de 1 pie. Usa esta información para los Ejercicios 59 a 61.

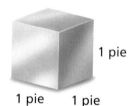

59. ¿Cuántas placas cuadradas se necesitan para hacer un cubo de 1 pie?

60. Opción múltiple Supón que PAM quiere triplicar las dimensiones del cubo. Para formar este cubo mayor necesitarán ¿cuántas veces el número de placas original?

A. 2 $\qquad$ **B.** 3 $\qquad$ **C.** 4 $\qquad$ **D.** 9

61. Opción múltiple Supón que PAM triplica las dimensiones del cubo original. El volumen del nuevo cubo será ¿cuántas veces el volumen del cubo original?

F. 8 $\qquad$ **G.** 9 $\qquad$ **H.** 27 $\qquad$ **J.** 81

62. En Autolavado Yvonne, los lavados de auto cuestan $5 cualquiera sea su duración hasta 10 minutos, más $0.40 por minuto después de ese tiempo. Los directores de Yvonne están tratando de ponerse de acuerdo en una fórmula para calcular el precio p por un lavado de t minutos.

a. Sid cree que $p = 0.4t + 5$ es correcto. ¿Tiene razón?

b. Tina propone la fórmula $p = 0.4(t - 10) + 5$. ¿Tiene razón?

c. Jamal le dijo a Tina que su fómula podría simplificarse a $p = 0.4t + 1$. ¿Tiene razón?

63. Escribe una ecuación para cada relación.

a. La compañía de taxis Pájaro azul cobra $1.50 por las primeras dos millas de cualquier viaje, y luego $1.20 por cada milla adicional. ¿Cuál es la relación entre la *tarifa* del taxi y la *distancia* de un viaje?

b. Un aeropuerto ofrece aparcamiento gratuito durante 30 minutos y luego cobra $2.00 por hora después de ese tiempo. ¿Cuál es la relación entre el *precio* del aparcamiento y el *tiempo* que el auto está aparcado?

c. Cine Regal gana $6.50 por cada entrada vendida. Sin embargo, tiene gastos de operación de $750 diarios. ¿Cuál es la relación entre la *ganancia diaria* y el *número de entradas* vendidas?

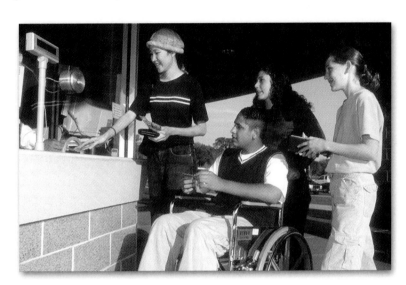

d. Reparación de Computadoras Veloz envía a técnicos a los negocios para arreglar computadoras. Cobran una tarifa fija de $50, más $50 por hora. ¿Cuál es la relación entre el *costo* total de una reparación y el *tiempo* que lleva la reparación?

Reflexiones matemáticas 2

En esta investigación aprendiste cómo hallar modelos lineales para patrones de datos. También desarrollaste destrezas para escribir ecuaciones lineales, practicaste traducir descripciones verbales a ecuaciones lineales y ampliaste tu conocimiento sobre resolver ecuaciones lineales. Estas preguntas te ayudarán a resumir lo que has aprendido.

Piensa en las respuestas a estas preguntas. Comenta tus ideas con otros estudiantes y con tu maestro(a). Luego escribe un resumen de tus hallazgos en tu cuaderno.

1. ¿Cuáles son las ventajas de usar un modelo lineal para un conjunto de datos?

2. ¿Cómo hallarías la ecuación para una relación lineal
   a. a partir de una descripción verbal?
   b. a partir de una tabla de valores?
   c. a partir de una gráfica?

3. ¿Qué estrategias puedes usar para resolver una ecuación lineal como
   a. $500 = 245 + 5x$?
   b. $500 + 3x = 245 + 5x$?

Investigación 3

Variación inversa

En Investigación 1 descubriste que la relación entre el grosor de un puente y la fortaleza del puente es aproximadamente lineal. También hallaste que la relación entre la longitud de un puente y la fortaleza del puente no es lineal. En esta investigación explorarás otras relaciones no lineales.

3.1 Rectángulos con área fija

En los últimos años, el número de habitantes de muchas poblaciones pequeñas ha disminuido a medida en que los residentes se desplazaban a las ciudades más grandes por trabajo. La población de Roseville ha desarrollado un plan para atraer a nuevos residentes. La población ofrece terrenos gratuitos a "pobladores" que estén dispuestos a construir casas. Cada terreno es rectangular y tiene un área de 21,800 pies cuadrados. Las longitudes y anchos de los terrenos varían.

Preparación para el problema 3.1

- ¿Cuáles son algunas dimensiones posibles para un terreno rectangular con un área de 21,800 pies cuadrados?

En el problema 3.1, observarás patrones de valores de longitud y ancho para rectángulos con área fija.

A. 1. Copia y completa esta tabla.

Rectángulos con área de 24 pulg²

Longitud (pulg)	1	2	3	4	5	6	7	8
Ancho (pulg)	▪	▪	▪	▪	▪	▪	▪	▪

2. Traza tus datos en una cuadrícula como la de abajo. Luego, dibuja una recta o curva que parezca ser el modelo del patrón de los datos.

Rectángulos con área de 24 pulg²

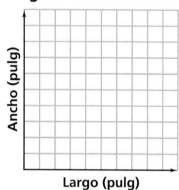

3. Describe el patrón de cambio en el ancho a medida que aumenta la longitud. ¿Es la relación entre la longitud y el ancho lineal?

4. Escribe una ecuación que muestre cómo el ancho *a* depende de la longitud ℓ para rectángulos con área de 24 pulgadas cuadradas.

B. Ahora piensa en rectángulos con un área de 32 pulgadas cuadradas.

1. Escribe una ecuación para la relación entre la longitud ℓ y el ancho *a*.

2. Haz una gráfica de tu ecuación. Muestra longitudes de 1 a 15 pulgadas.

C. Compara tus ecuaciones. ¿En qué se parecen? ¿En qué se diferencian?

D. Compara tus gráficas. ¿En qué se parecen? ¿En qué se diferencian?

ACE La tarea empieza en la página 53.

La relación entre la longitud y el ancho para rectángulos con un área fija es no lineal. Es un ejemplo de un tipo de patrón no lineal llamado **variación inversa.**

La palabra "inversa" sugiere que a medida que una variable aumenta de valor, la otra variable disminuye de valor. De todos modos, el significado de *variación inversa* es más específico que esto. La relación entre dos variables distintas de cero, x e y, es una variación inversa si

$$y = \frac{k}{x} \ \text{ó} \ xy = k$$

donde k es una constante que no es 0. El valor de k está determinado por la relación específica.

¿Cuál es la relación entre las ecuaciones $y = \frac{k}{x}$ y $xy = k$?

Para el mismo valor de x, ¿darán las dos ecuaciones distintos valores de y?

La variación inversa tiene lugar en muchas situaciones. Por ejemplo, piensa en la tabla y la gráfica de abajo. Ellas muestran los datos (*grosor del puente, peso de rotura del puente*), recopilados por un grupo de estudiantes.

Datos del experimento del puente

Longitud (pulg)	Peso de rotura (centavos)
4	41
6	26
8	19
9	17
10	15

Datos del experimento del puente

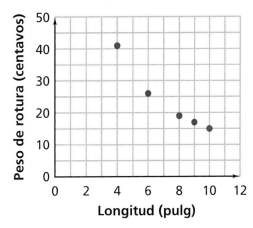

Preparación para el problema

- Describe una curva que represente el patrón de los datos de arriba.

- ¿Qué valor de k puedes usar para hacer un modelo de los datos con una ecuación de variación inversa? Escribe la ecuación.

- En tu ecuación, ¿por qué el valor de y disminuye a medida que el valor de x aumenta?

- ¿Qué le pasa al valor de y a medida que el valor de x se acerca a 0? ¿Por qué es éste un patrón razonable para el experimento del puente?

El Sr. Cordova vive en Detroit, Michigan. A menudo viaja a Baltimore, Maryland, para visitar a su abuelo. El viaje es de 500 millas en cada tramo. Aquí están sus notas para los viajes a Baltimore del año pasado.

Fecha	Notas	Tiempo de viaje
15 febrero	Viajé en avión.	1.5 horas
22 mayo	Manejé.	10 horas
3 julio	Manejé. Paré para reparaciones.	14 horas
23 noviembre	Volé. El vuelo se retrasó.	4 horas
23 diciembre	Tomé un tren nocturno.	18 horas

A. 1. Calcula la velocidad promedio en millas por hora que tomó cada viaje. Anota tus resultados en una tabla como ésta.

Viajes a Baltimore de Cordova

Tiempo de viaje (h)	▦	▦	▦	▦	▦
Velocidad promedio (mph)	▦	▦	▦	▦	▦

2. Traza tus datos en una gráfica. Dibuja una recta o curva que represente el patrón de los datos. Describe el patrón de cambio en la velocidad promedio a medida que aumenta el tiempo de viaje.

3. Escribe una ecuación para la relación entre el tiempo de viaje t y la velocidad promedio v.

4. Usa tu ecuación para hallar la velocidad promedio para un viaje de 500 millas que toma 6 horas, 8 horas, 12 horas y 16 horas.

5. Suma los datos (*tiempo de viaje, velocidad promedio*) de la parte (4) de tu gráfica. ¿Encajan los nuevos puntos con el modelo de gráfica que dibujaste para los datos originales?

B. La familia Cordova está planeando un viaje a la Isla Mackinac, cerca de la península superior de Michigan. El Sr. Cordova hace algunos cálculos para ver cuánto llevará el viaje si viajan a diferentes velocidades promedio.

Tiempos de viaje para distintas velocidades

Velocidad promedio (mi/h)	30	40	50	60	70
Tiempo de viaje (h)	10	7.5	6	5	4.3

1. ¿A qué distancia de Detroit está la Isla Mackinac?
2. ¿Qué ecuación relaciona el tiempo de viaje *t* y la velocidad promedio *v*?
3. Describe el patrón de cambio en el tiempo de viaje a medida que aumenta la velocidad promedio. ¿Cómo aparecería ese patrón en una gráfica de datos? ¿Cómo lo muestra tu ecuación?
4. Predice los tiempos de viaje si los Cordova manejan a velocidades promedio de 45 millas por hora y de 65 millas por hora.

C. Supón que el Sr. Cordova decide tratar de ir a una velocidad promedio de 50 millas por hora para el viaje a la Isla Mackinac.

1. Haz una tabla y una gráfica para mostrar cómo la distancia recorrida aumentará a medida que pasa el tiempo. Muestra los tiempos desde que la familia deja la casa hasta que llegan al destino.
2. Escribe una ecuación para la distancia *d* que la familia recorre en *t* horas.
3. Describe el patrón de cambio en la distancia a medida que pasa el tiempo.
4. Compara la gráfica (*tiempo, distancia recorrida*) y la ecuación con las gráficas (*tiempo, velocidad promedio*) y las ecuaciones de las preguntas A y B.

ACE La tarea empieza en la página 53.

3.3 Costo promedio

Los maestros de ciencias de la Escuela Intermedia Everett quieren llevar a sus estudiantes de octavo grado a una excursión de dos días a un centro de naturaleza. Cuesta $750 alquilar los locales del centro. En el presupuesto escolar no se destinaron fondos para alquilar los locales del centro de naturaleza, de modo que los estudiantes deben pagar una tarifa. El viaje costará $3 por estudiante si van los 250 estudiantes. Pero los maestros saben que no es probable que todos los estudiantes puedan ir. Quieren hallar el costo por estudiante para cualquier número de estudiantes.

Problema 3.3 Patrones de variación inversa

A. 1. Escribe una ecuación que relacione el costo c por estudiante al número de estudiantes n.

    2. Usa tu ecuación para hacer una gráfica que muestre cómo cambia el costo por estudiante a medida que aumenta el número de estudiantes.

B. 1. Halla el cambio del costo por estudiante a medida que el número de estudiantes aumenta de

      a. 10 a 20   **b.** 100 a 110   **c.** 200 a 210

    2. ¿Cómo muestran tus resultados que la relación entre el número de estudiantes y el costo por estudiante no es lineal?

C. 1. Halla el cambio en el costo por estudiante a medida que el número de estudiantes aumenta de

      a. 20 a 40   **b.** 40 a 80   **c.** 80 a 160

    2. Describe el patrón en tus resultados. Explica cómo muestra este patrón tu ecuación de la pregunta A.

D. Los maestros de ciencias deciden cobrar $5 por estudiante por el viaje. Usarán el dinero adicional para comprar material de ciencias para la escuela.

    1. Escribe una ecuación para la cantidad c que los maestros recaudarán si n estudiantes van al viaje.

    2. Dibuja una gráfica de la relación.

    3. ¿Es ésta una relación lineal o una variación inversa? Explica tu respuesta.

ACE La tarea empieza en la página 53.

Aplicaciones

1. Piensa en rectángulos con un área de 16 pulgadas cuadradas.

   a. Copia y completa la tabla.

   Rectángulos con un área de 16 pulg^2

Longitud (pulg)	1	2	3	4	5	6	7	8
Ancho (pulg)	▪	▪	▪	▪	▪	▪	▪	▪

   b. Haz una gráfica de los datos.

   c. Describe el patrón de cambio en el ancho a medida que la longitud aumenta.

   d. Escribe una ecuación que muestre cómo el ancho a depende de la longitud ℓ. ¿Es lineal la relación?

2. Piensa en rectángulos con un área de 20 pulgadas cuadradas.

   a. Haz una tabla de datos de longitud y ancho para al menos cinco rectángulos.

   b. Haz una gráfica de tus datos.

   c. Escribe una ecuación que muestre cómo el ancho a depende de la longitud ℓ. ¿Es lineal la relación?

   d. Compara y contrasta las gráficas de este ejercicio y del Ejercicio 1.

   e. Compara y contrasta las ecuaciones de este ejercicio y del Ejercicio 1.

3. Un estudiante recopiló estos datos del experimento de la longitud de un puente.

   Experimento de longitud de un puente

Longitud (pulg)	4	6	8	9	10
Peso de rotura (centavos)	24	16	13	11	9

   a. Halla una ecuación de variación inversa que represente estos datos.

   b. Explica cómo tu ecuación muestra que el peso de rotura disminuye a medida que la longitud aumenta. ¿Es éste un patrón razonable para la situación? Explica tu respuesta.

En los Ejercicios 4 a 7, di si la relación entre *x* e *y* es una variación inversa. Si lo es, escribe una ecuación para la relación.

4.

x	1	2	3	4	5	6	7	8	9	10
y	10	9	8	7	6	5	4	3	2	1

5.

x	1	2	3	4	5	6	7	8	9	10
y	48	24	16	12	9.6	8	6.8	6	5.3	4.8

6.

x	2	3	5	8	10	15	20	25	30	40
y	50	33	20	12.5	10	6.7	5	4	3.3	2.5

7.

x	0	1	2	3	4	5	6	7	8	9
y	100	81	64	49	36	25	16	9	4	1

8. Una maratón es una carrera de 26.2 millas. Los mejores corredores de maratón pueden completar la distancia en poco más de 2 horas.

a. Haz una tabla y una gráfica que muestren cómo la velocidad promedio de una maratón cambia a medida que el tiempo aumenta. Muestra tiempos desde 2 a 8 horas en intervalos de 1 hora.

b. Escribe una ecuación para la relación entre tiempo *t* y velocidad promedio *v* para una maratón.

c. Di cómo la velocidad promedio cambia a medida que el tiempo aumenta de 2 a 3 horas. De 3 a 4 horas. De 4 a 5 horas.

d. ¿Cómo muestran las respuestas de la parte (c) que la relación entre la velocidad promedio y el tiempo no es lineal?

9. En un día de una carrera benéfica de bicicletas, la ruta cubre 50 millas. Los diferentes ciclistas recorren esta distancia a diferentes velocidades promedio.

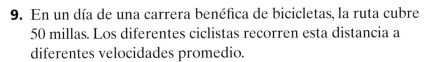

Para: Ayuda con el Ejercicio 9, disponible en inglés
Código Web: ape-1309

a. Haz una tabla y una gráfica que muestren cómo el tiempo del recorrido cambia a medida que aumenta la velocidad promedio. Muestra valores de velocidad de 4 a 20 millas por hora a intervalos de 4 millas por hora.

b. Escribe una ecuación para la relación entre el tiempo del recorrido t y la velocidad promedio v.

c. Di cómo cambian los tiempos de recorrido a medida que aumenta la velocidad promedio de 4 a 8 millas por hora. De 8 a 12 millas por hora. De 12 a 16 millas por hora.

d. ¿Cómo muestran las respuestas a la parte (c) que la relación entre la velocidad promedio y el tiempo no es lineal?

10. Los estudiantes en la clase de ciencias del Sr. Einstein se quejaron de la longitud de sus exámenes. Él dice que un examen con más preguntas es mejor para los estudiantes porque cada pregunta vale menos puntos. Todos los exámenes del Sr. Einstein tiene un valor total de 100 puntos. Todas las preguntas valen el mismo número de puntos.

a. Haz una tabla y una gráfica que muestren cómo el número de puntos por pregunta cambia a medida que aumenta el número de preguntas. Muestra valores de puntos de 2 a 20 preguntas en intervalos de 2.

b. Escribe una ecuación para la relación entre el número de preguntas n y los puntos por pregunta p.

c. Di cómo cambian los puntos por pregunta a medida que el número de preguntas aumenta de 2 a 4. De 4 a 6. De 6 a 8. De 8 a 10.

d. ¿Cómo muestran las respuestas a la parte (c) que la relación entre el número de preguntas y los puntos por pregunta no es lineal?

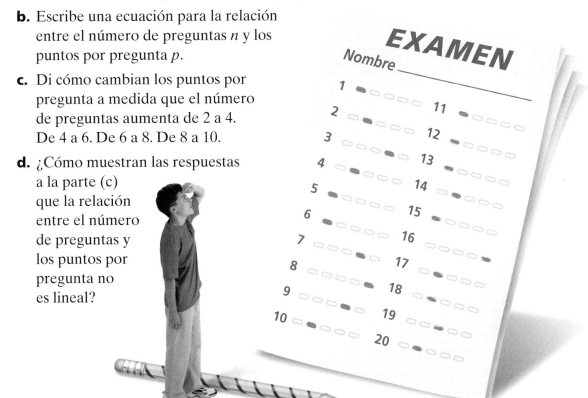

11. Los probadores manejan ocho vehículos 200 millas en una pista de pruebas a la misma velocidad. La tabla muestra la cantidad de gasolina que usa cada vehículo.

Prueba de rendimiento

Tipo de vehículo	Gasolina usada (gal)
Camión grande	20
Camioneta grande	18
Limusina	16
Auto grande	12
Camión pequeño	10
Auto deportivo	12
Auto pequeño	7
Auto mini	5

a. Halla el rendimiento en millas por galón para cada vehículo.

b. Haz una gráfica de los datos (*gasolina usada, millas por galón*). Describe el patrón de cambio que muestre la gráfica.

c. Escribe una fórmula para calcular el rendimiento según la gasolina usada en una prueba de conducción de 200 millas.

d. Di cómo cambia el rendimiento a medida que la cantidad de gasolina usada aumenta de 5 a 10 galones. De 10 a 15 galones. De 15 a 20 galones.

e. ¿Cómo muestran las respuestas para la parte (d) que la relación entre la gasolina usada y el rendimiento no es lineal?

Conexiones

12. Supón que la población de Roseville regale terrenos con perímetros de 500 pies, en vez de con áreas de 21,800 pies cuadrados.

a. Copia y completa esta tabla.

Rectángulos con perímetro de 500 pies

Longitud (pies)					
Ancho (pies)					

b. Haz una gráfica de los datos (*longitud, ancho*). Dibuja una recta o curva que represente el patrón de datos.

c. Describe el patrón de cambio en el ancho a medida que aumenta la longitud.

d. Escribe una ecuación para la relación entre la longitud y el ancho. ¿Es la relación lineal? Explica tu respuesta.

Go Online
PHSchool.com

Para: Práctica de destrezas de opción múltiple, disponible en inglés

Código Web: apa-1354

Un número *b* es el **inverso aditivo** de un número *a* si $a + b = 0$. Por ejemplo, -5 es el inverso aditivo de 5 porque $5 + (-5) = 0$. En los Ejercicios 13 a 18, halla el inverso aditivo de cada número.

13. 2   **14.** $-\dfrac{6}{2}$ **15.** 2.5

16. -2.11 **17.** $\dfrac{7}{3}$ **18.** $\dfrac{3}{7}$

19. En una recta numérica, ubica cada número de los Ejercicios 13 a 18 y su inverso aditivo. Describe cualquier patrón que veas.

Un número *b* es el **inverso multiplicativo** de un número *a* si $ab = 1$. Por ejemplo, $\dfrac{3}{2}$ es el inverso multiplicativo de $\dfrac{2}{3}$ porque $\left(\dfrac{2}{3}\right)\left(\dfrac{3}{2}\right) = 1$. En los Ejercicios 20 a 25, halla el inverso multiplicativo de cada número.

20. 2   **21.** -2 **22.** 0.5

23. 4   **24.** $\dfrac{3}{4}$ **25.** $\dfrac{5}{3}$

26. En una recta numérica, ubica cada número de los Ejercicios 20 a 25 y su inverso multiplicativo. Describe cualquier patrón que veas.

Jamar toma una prueba de historia de 10 puntos cada semana. Aquí tienes sus puntuaciones en las cinco primeras pruebas: 8, 9, 6, 7, 10. Usa esta información en los Ejercicios 27 y 28.

27. Opción múltiple ¿Cuál es el promedio de puntuación de Jamar?

 A. 6   **B.** 7

 C. 8   **D.** 9

28. a. Jamar se pierde la prueba siguiente y saca un 0. ¿Cuál es su promedio después de seis pruebas?

 b. Después de 20 pruebas, el promedio de Jamar es 8. Saca un 0 en la prueba 21ª. ¿Cuál es su promedio después de 21 pruebas?

 c. ¿Por qué la puntuación de 0 tuvo un efecto distinto en el promedio cuando era la sexta puntuación que cuando era la 21ª?

29. Supón que un auto viaja a una velocidad de 60 millas por hora. La ecuación $d = 60t$ representa la relación entre el tiempo t en horas y la distancia d recorrida en millas. Esta relación es un ejemplo de *variación directa*. Una relación entre variables x e y es una variación directa cuando puede expresarse como $y = kx$, donde k es una constante.

  a. Halla dos relaciones en esta unidad que sean variaciones directas. Anota la ecuación para cada relación.

  b. Para cada relación de la parte (a), halla la razón de la variable dependiente a la variable independiente. ¿Cuál es la relación en la ecuación general entre la razón y k?

  c. Supón que la relación entre x e y es una variación directa. ¿Cómo cambian los valores de y a medida que aumentan los valores de x? ¿Cómo aparece este patrón de cambio en una gráfica de la relación?

  d. Compara la variación directa y la variación indirecta. Asegúrate de comentar las gráficas y ecuaciones para estos tipos de relaciones.

Resuelve la ecuación usando un método simbólico. Luego, describe cómo se puede hallar la solución usando una gráfica o tabla.

30. $5x - 28 = -3$ **31.** $10 - 3x = 7x - 10$

En los Ejercicios 32 a 34, halla la ecuación de la recta con la información que se da.

32. pendiente $-\dfrac{1}{2}$, intercepto y $(0, 5)$

33. pendiente 3, pasa por el punto $(2, 2)$

34. pasa por los puntos $(5, 2)$ y $(1, 10)$

35. Halla la ecuación para la recta de abajo.

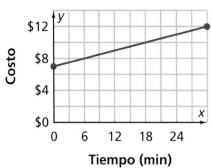

Autoservicio de lavado de autos Al Jabr

36. Supón que 6 latas de jugo de tomate cuestan $3.20. Halla el costo para

  a. 1 lata   **b.** 10 latas   **c.** n latas

En los Ejercicios 37 a 39, di qué tienda tiene la mejor oferta. Explica tu elección.

37. *Almacén de Gus*: Tomates a 6 por $4.00
Supermercado: Tomates a 8 por $4.60

38. *Almacén de Gus*: Pepinos a 4 por $1.75
Supermercado: Pepinos a 5 por $2.00

39. *Almacén de Gus*: Manzanas a 6 por $3.00
Supermercado: Manzanas a 5 por $2.89

Extensiones

40. Esta plantilla se dobla para formar un prisma rectangular.

   a. ¿Cuál es el volumen del prisma?

   b. Supón que las dimensiones de la cara sombreada se duplicaran. Las otras dimensiones se ajustarían para que el volumen fuera el mismo. ¿Cuáles son las dimensiones del nuevo prisma?

   c. ¿Qué prisma tiene menor área total, el prisma original o el prisma de la parte (b)? Explica tu respuesta.

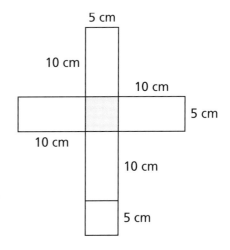

41. La Srta. Singh maneja 40 millas hasta la casa de su hermana. Su velocidad promedio es 20 millas por hora. De camino a casa, su velocidad promedio es 40 millas por hora. ¿Cuál es su velocidad promedio en el viaje de ida y vuelta?

42. Los miembros del club de teatro de la Escuela Intermedia Henson están planeando un espectáculo de primavera. Deciden cobrar $4.50 por entrada. Estiman que sus gastos por el espectáculo serán $150.

   a. Escribe una ecuación para la relación entre el número de entradas vendidas y la ganancia total del club.

   b. Haz una tabla para mostrar cómo cambia la ganancia a medida que aumenta la venta de entradas de 0 a 500 en intervalos de 50.

   c. Haz una gráfica de los datos (*entradas vendidas, ganancia total*).

   d. Añade una columna (o hilera) a tu tabla para mostrar la ganancia por entrada para cada número de entradas vendidas. Por ejemplo, para 200 entradas, la ganancia total es $750, de modo que la ganancia por entrada es $750 ÷ 200 ó $3.75.

   e. Haz una gráfica de los datos (*entradas vendidas, ganancia por entrada*).

   f. ¿En qué se parecen los patrones de cambio para los datos (*entradas vendidas, ganancia total*) y (*entradas vendidas, ganancia por entrada*)? ¿En qué se diferencian? ¿Cómo se muestran las semejanzas y diferencias en las tablas y gráficas de cada relación?

En los Ejercicios 43 a 45, halla el valor de *c* para el cual ambos pares ordenados satisfacen la misma variación inversa. Luego, escribe una ecuación para la relación.

43. $(3, 16), (12, c)$ **44.** $(3, 9), (4, c)$ **45.** $(3, 4), (4, c)$

46. Opción múltiple La fuerza que actúa sobre un objeto en caída debido a la gravedad tiene relación con la masa y la aceleración del objeto. Para una fuerza fija F, la relación entre masa m y aceleración a es una variación inversa. ¿Qué ecuación muestra la relación entre F, m y a?

   A. $F = ma$ **B.** $m = Fa$ **C.** $\frac{m}{F} = a$ **D.** $\frac{m}{a} = F$

47. Opción múltiple Supón que el tiempo t en la ecuación $d = rt$ se mantenga constante. ¿Qué le pasa a la distancia d a medida que la tasa r aumenta?

   F. d disminuye.   **G.** d aumenta.

   H. d se mantiene constante.   **J.** No hay suficiente información.

48. Opción múltiple Supón que la distancia d en la ecuación $d = rt$ se mantenga constante. ¿Qué le sucede al tiempo t a medida que la tasa r aumenta?

   A. t disminuye.   **B.** t aumenta.

   C. t se mantiene constante.   **D.** No hay suficiente información.

Reflexiones matemáticas

En esta investigación exploraste varios ejemplos de variaciones inversas y observaste patrones en tablas, gráficas y ecuaciones de estas relaciones. Estas preguntas te ayudarán a resumir lo que has aprendido.

Piensa en las respuestas a estas preguntas. Comenta tus ideas con otros estudiantes y con tu maestro(a). Luego escribe un resumen de tus hallazgos en tu cuaderno.

1. Supón que la relación entre las variables x e y es una variación inversa.

   a. ¿Cómo cambian los valores de y a medida que aumentan los valores de x?

   b. Describe el patrón en la gráfica de valores (x, y).

   c. Describe la ecuación que relaciona los valores de x e y.

2. ¿En qué se parece una relación inversa a una relación lineal? ¿En qué se diferencia?

Mira atrás y adelante

Mientras trabajabas en los problemas de esta unidad, ampliaste tu destreza al escribir ecuaciones para expresar relaciones lineales. También aprendiste cosas sobre un tipo de relación no lineal llamada variación inversa. Usaste relaciones inversas y lineales para resolver problemas y hacer predicciones.

Para: Rompecabezas de repaso del vocabulario, disponible en inglés
Código Web: apj-1051

Usa lo que sabes:
Variación lineal e inversa

Prueba tu comprensión sobre relaciones lineales y variaciones inversas resolviendo los siguientes problemas sobre un área recreativa que tiene un parque infantil, senderos de caminatas, atracciones y una granjita.

1. Esta tabla muestra el crecimiento de un cerdo criado en una granja.

Crecimiento promedio de un cerdo bien alimentado

Edad (meses)	0	1	2	3	4	5	6
Peso (lb)	3	48	92	137	182	228	273

FUENTE: Your 4-H Market Hog Project, Iowa State University.

a. Haz una gráfica de los datos (*edad*, *peso*). Traza una recta que te parezca que corresponde al patrón de datos.

b. Halla una ecuación lineal de la forma $y = mx + b$ para tu recta de la parte (a).

c. ¿Qué te dicen los valores de m y b de tu ecuación sobre el crecimiento del cerdo?

d. Usa tu ecuación para estimar el peso del cerdo a los 3.5 meses y a los 7 meses.

2. Un grupo de estudiantes sospecha que los animales de granja comen menos cuando hace calor. Les piden a los trabajadores de la granja que anoten lo que come una cabra adulta en días de varias temperaturas.

Consumo de comida de una cabra

Promedio de temperatura diaria (°F)	30	40	45	55	60	75	85	90
Comida ingerida (kg)	3.9	3.6	3.4	3.0	2.7	2.5	2.2	1.9

a. Haz una gráfica de los datos (*temperatura, comida ingerida*). Traza una recta que te parezca que corresponde al patrón de datos.

b. Halla una ecuación lineal de la forma $y = mx + b$ para tu recta de la parte (a).

c. ¿Qué te dicen los valores de *m* y *b* sobre la relación entre temperatura y el consumo de comida de la cabra?

d. Usa tu ecuación para predecir cuánto comería una cabra en un día con una temperatura promedio de 50°F. Y en un día con una temperatura promedio de 70°F.

3. Un tren pequeño pasea a los visitantes de un parque por una vía de 5,000 metros. El tiempo que dura el viaje varía. Cuando hay mucha gente esperando en la cola, los conductores van más deprisa. Cuando hay menos gente esperando, van más despacio.

a. Haz una gráfica que muestre cómo el promedio de velocidad (en metros por minuto) cambia a medida que el tiempo del viaje (en minutos) aumenta.

b. ¿Para qué partes de tu gráfica son realistas las predicciones de velocidad? Explica tu respuesta.

c. Escribe una ecuación que relacione la velocidad promedio *v* al tiempo del viaje *t*.

d. Escribe varias oraciones explicando con la mayor precisión posible cómo cambia la velocidad promedio a medida que cambia el tiempo. En particular, describe el tipo de variación que tiene que ver con esta relación.

Explica tu razonamiento

En esta unidad aprendiste cómo usar modelos de relaciones lineales y variaciones inversas para resolver una variedad de problemas. Cuando presentes trabajo basado en estas relaciones, debes poder justificar tus cálculos y conclusiones.

4. ¿Cómo decides cuándo un patrón de datos puede reflejarse en un modelo de ecuación lineal de la forma $y = mx + b$? ¿Cuál será la relación entre los valores m y b y el patrón de datos?

5. ¿En qué se parecen y en qué se diferencian los patrones de datos, gráficas y ecuaciones para las variaciones inversas que estudiaste a los representados por ecuaciones lineales?

6. ¿Cómo se puede usar una gráfica o modelo de ecuación de una relación para resolver problemas prácticos?

7. ¿Qué limitaciones tienen los modelos matemáticos como herramientas de resolución de problemas?

Mira adelante

El trabajo que hiciste con relaciones lineales y variaciones inversas en esta unidad te será muy útil en próximas unidades de *Connected Mathematics* y en cursos de álgebra y cálculo que tomarás en el futuro. A medida que progreses en la preparatoria y en la universidad, verás que las relaciones lineales e inversas tienen muchas aplicaciones en ciencias, economía, negocios, tecnología y muchos otros campos de estudio.

D

desigualdad Enunciado que dice que dos cantidades no son iguales. Los signos $>$, $<$, $\geq$ y $\leq$ se usan para expresar desigualdades. Por ejemplo, si a y b son dos cantidades, entonces "a es mayor que b", se escribe $a > b$, y "a es menor que b" se escribe $a < b$. El enunciado $a \geq b$ quiere decir "a es mayor que o igual a b." El enunciado $a \leq b$ quiere decir "a es menor que o igual a b."

inequality A statement that two quantities are not equal. The symbols $>$, $<$, $\geq$, and $\leq$ are used to express inequalities. For example, if a and b are two quantities, then "a is greater than b" is written as $a > b$, and "a is less than b" is written as $a < b$. The statement $a \geq b$ means "a is greater than or equal to b." The statement $a \leq b$ means that "a is less than or equal to b."

I

inversos aditivos Dos números, a y b, que cumplen con la ecuación $a + b = 0$. Por ejemplo, 3 y -3 son inversos aditivos, y $\frac{1}{2}$ y $-\frac{1}{2}$ son inversos aditivos.

additive inverses Two numbers, a and b, that satisfy the equation $a + b = 0$. For example, 3 and -3 are additive inverses, and $\frac{1}{2}$ and $-\frac{1}{2}$ are additive inverses.

inversos multiplicativos Dos números, a y b, que cumplen con la ecuación $ab = 1$. Por ejemplo, 3 y $\frac{1}{3}$ son inversos multiplicativos, y $-\frac{1}{2}$ y -2 son inversos multiplicativos.

multiplicative inverses Two numbers, a and b, that satisfy the equation $ab = 1$. For example, 3 and $\frac{1}{3}$ are multiplicative inverses, and $-\frac{1}{2}$ and -2 are multiplicative inverses.

M

modelo matemático Una ecuación o una gráfica que describe, al menos aproximadamente, la relación entre dos variables. En esta unidad, los modelos matemáticos se hacen obteniendo datos, trazando los puntos de los datos y, cuando los puntos muestran un patrón, hallando la ecuación o curva que muestra la tendencia de los datos. Un modelo matemático permite hacer estimaciones razonables para los valores entre, y a veces, fuera de, los puntos de los datos.

mathematical model An equation or a graph that describes, at least approximately, the relationship between two variables. In this unit, mathematical models are made by acquiring data, plotting the data points, and, when the points showed a pattern, finding an equation or curve that fits the trend in the data. A mathematical model allows you to make reasonable guesses for values between and sometimes beyond the data points.

relación líneal Una relación en la que hay una tasa de cambio constante entre dos variables. Una relación lineal se puede representar por una gráfica de línea recta y por una ecuación de la forma $y = mx + b$. En la ecuación, m es la pendiente de la recta y b es el intercepto y.

linear relationship A relationship in which there is a constant rate of change between two variables. A linear relationship can be represented by a straight-line graph and by an equation of the form $y = mx + b$. In the equation, m is the slope of the line, and b is the y-intercept.

variación inversa Una relación no lineal en la que el producto de dos variables es constante. Una variación inversa se puede representar por una ecuación de la forma $y = \frac{k}{x}$, ó $xy = k$, donde k es una constante. En una variación inversa, los valores de una variable disminuyen a medida que los valores de la otra variable aumentan. En el experimento de la longitud de los puentes, la relación entre la longitud y el peso de rotura era una variación inversa.

inverse variation A nonlinear relationship in which the product of two variables is constant. An inverse variation can be represented by an equation of the form $y = \frac{k}{x}$, or $xy = k$, where k is a constant. In an inverse variation, the values of one variable decrease as the values of the other variable increase. In the bridge-length experiment, the relationship between length and breaking weight was an inverse variation.

Vocabulario académico

Las palabras de vocabulario académico son palabras que ves en los libros de texto y en las pruebas. Éstos no son términos de vocabulario de matemáticas, pero conocerlos te ayudará a tener éxito en matemáticas.

Academic vocabulary words are words that you see in textbooks and on tests. These are not math vocabulary terms, but knowing them will help you succeed in mathematics.

D

describir Explicar o decir con detalle. Una descripción escrita puede contener hechos y otra información necesaria para comunicar tu respuesta. También se puede incluir un diagrama o una gráfica.

términos relacionados: expresar, explicar, ilustrar

Ejemplo: Describe la relación entre las horas trabajadas y el pago.

Horas trabajadas	1	2	3
Pago total	$5.50	$11.00	$16.50

La relación es lineal. El pago total varía directamente con el número de horas trabajadas. Es decir, a medida que el número de horas trabajadas aumenta en uno, el pago aumenta en $5.50 dólares. Esto significa que el empleado gana $5.50 por cada hora trabajada. También puedo dibujar una gráfica que muestre esta relación.

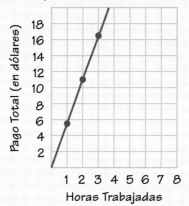

Marqué cada punto en la gráfica y tracé una línea a través de todos los puntos. Para representar esta relación, también puedo escribir una ecuación, $P = 5.5t$, donde P es la cantidad de dinero ganado y t es el número de horas trabajadas.

describe To explain or tell in detail. A written description can contain facts and other information needed to communicate your answer. A diagram or a graph may also be included.

related terms: express, explain, illustrate

Sample: Describe the relationship between hours worked and pay.

Hours Worked	1	2	3
Total Pay	$5.50	$11.00	$16.50

The relationship is linear. Total pay varies directly with the number of hours worked. That is, as the number of hours worked increases by one, the pay increases by $5.50. This means that the employee earns $5.50 for each hour worked. I can also draw a graph that shows this relationship.

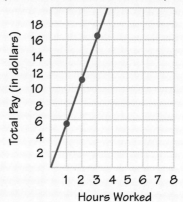

I plotted each point on the graph and I drew one line through all of the points. I can also write an equation, $P = 5.5t$, where P is the amount of money earned and t is the number of hours worked to represent this relationship.

Vocabulario académico

explicar Dar hechos y detalles que hacen que una idea sea más fácil de comprender. Explicar puede implicar un resumen escrito apoyado por un diagrama, una gráfica, una tabla o una combinación de éstos.

términos relacionados: analizar, aclarar, describir, justificar, decir

Ejemplo: La ecuación $c = 75d + 15$ da el cargo c en dólares por rentar un auto por d días. Explica qué representan los números y las variables en la ecuación.

La variable c representa la cantidad total que se le cobra al cliente. La variable d es el número de días que se rentó el automóvil. 75 es el costo por día de rentar el auto. 15 es una cuota adicional única para el cliente.

explain To give facts and details that make an idea easier to understand. Explaining can involve a written summary supported by a diagram, chart, table, or a combination of these.

related terms: analyze, clarify, describe, justify, tell

Sample: The equation $c = 75d + 15$ gives the charge c in dollars for renting a car for d days. Explain what the numbers and variables in the equation represent.

The variable c represents the total amount the customer is charged. The variable d is the number of days the car is rented. 75 is the cost per day of renting the car. 15 is an additional one-time fee for the customer.

resolver Determinar el valor o valores que hacen cierto un enunciado dado. Pueden usarse varios métodos y estrategias para resolver un problema incluyendo estimar, despejar la variable, dibujar una gráfica o usar una tabla de valores.

términos relacionados: calcular, hallar

Ejemplo: Resuelve la ecuación $8x - 16 = 12$ para hallar el valor de x.

Puedo resolver la ecuación despejando x en el lado izquierdo de la ecuación.

$8x - 16 = 12$

$8x = 28$

$x = \dfrac{28}{8} = \dfrac{7}{2} = 3.5$

También puedo hacer el bosquejo de una gráfica de $y = 8x - 16$. Cuando $y = 12$, x está entre 3 y 4, así que sé que mi solución es razonable.

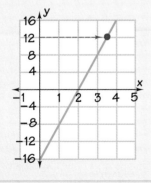

solve To determine the value or values that makes a given statement true. Several methods and strategies can be used to solve a problem including estimating, isolating the variable, drawing a graph, or using a table of values.

related terms: calculate, find

Sample: Solve the equation $8x - 16 = 12$ for x.

I can solve the equation by isolating x on the left side of the equation.

$8x - 16 = 12$

$8x = 28$

$x = \dfrac{28}{8} = \dfrac{7}{2} = 3.5$

I also can also sketch a graph of $y = 8x - 16$. When $y = 12$, x is between 3 and 4, so I know my solution is reasonable.

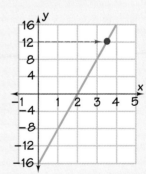

Índice

Índice

Agradecimientos

Créditos del equipo

A continuación se mencionan las personas que formaron parte del equipo de **Connected Mathematics2** tanto en el área editorial como en los servicios editoriales, y de diseño y producción. Los nombres de los miembros claves del equipo se presentan en negrita.

Leora Adler, Judith Buice, Kerry Cashman, Patrick Culleton, Sheila DeFazio, Katie Hallahan, Richard Heater, **Barbara Hollingdale, Jayne Holman,** Karen Holtzman, **Etta Jacobs,** Christine Lee, Carolyn Lock, Catherine Maglio, **Dotti Marshall,** Rich McMahon, Eve Melnechuk, Kristin Mingrone, Terri Mitchell, **Marsha Novak,** Irene Rubin, Donna Russo, Robin Samper, Siri Schwartzman, **Nancy Smith,** Emily Soltanoff, **Mark Tricca,** Paula Vergith, Roberta Warshaw, Helen Young

Para el texto en español: Claudio Barriga, Marina Liapunov

Edición en español

CCI (Creative Curriculum Initiatives)

Otros créditos

Diana Bonfilio, Mairead Reddin, Michael Torocsik, nSight, Inc.

Ilustración técnica

WestWords, Inc.

Diseño de tapa

tom white.images

Fotos

2 t, Jay S. Simon/Getty Images, Inc.; **2 b,** Jeff Greenberg/Alamy; **3,** Photodisc/Getty Images, Inc.; **5,** Kaluzny-Thatcher/Getty Images, Inc.; **7,** Javier Larrea/AGE Fotostock; **9,** Simon DesRochers/Masterfile; **14,** Jay S. Simon/Getty Images, Inc.; **16,** Richard Haynes; **21,** Richard Haynes; **26,** Galen Rowell/Corbis; **31,** Jeff Greenberg/Alamy; **34,** Ron Kimball/Ron Kimball Stock; **37,** PictureQuest; **41,** Richard Haynes; **42,** SuperStock, Inc./SuperStock; **45,** Bob Daemmrich/PhotoEdit; **50,** Yellow Dog Productions/Getty Images, Inc.; **51,** Macduff Everton/Corbis; **54,** AP Photo/Keystone/Steffen Schmidt; **55,** Richard Haynes; **57,** Richard Haynes; **59,** Dennis MacDonald/PhotoEdit; **63,** Photodisc/Getty Images, Inc.

Fuentes de datos

La información sobre el peso promedio de los chihuahuas en la página 34 viene de *The Complete Chihuahua Encyclopedia* por Hilary Harmar. Publicado por Arco Reprints, 1973.

La información sobre el crecimiento promedio de los cerdos en la página 62 viene de *"Your 4-H Market Hog Project,"* Iowa State University, University Extension, enero de 1922.

Nota: Se han realizado muchos esfuerzos para localizar los propietarios de los derechos de autor del material impreso en este libro. Cualquier omisión que nos presenten será corregida en ediciones subsiguientes.